U0907904

梦圆时分忆当年

谭振学 著

山东人民出版社
国家一级出版社 全国百佳图书出版单位

图书在版编目（CIP）数据

梦圆时分忆当年/谭振学著．—济南：山东人民出版社，2015.7

ISBN 978－7－209－09048－3

Ⅰ．①梦… Ⅱ．①谭… Ⅲ．①回忆录—中国—当代 Ⅳ．①I251

中国版本图书馆CIP数据核字(2015)第147012号

梦圆时分忆当年

谭振学 著

主管部门 山东出版传媒股份有限公司
出版发行 山东人民出版社
社　　址 济南市胜利大街39号
邮　　编 250001
电　　话 总编室（0531）82098914
　　　　 市场部（0531）82098027
网　　址 http：//www.sd－book.com.cn
印　　装 济南继东彩艺印刷有限公司
经　　销 新华书店

规　　格 32开（148mm×210mm）
印　　张 13.25
字　　数 160千字
版　　次 2015年7月第1版
印　　次 2015年7月第1次
ISBN 978－7－209－09048－3
定　　价 20.00元

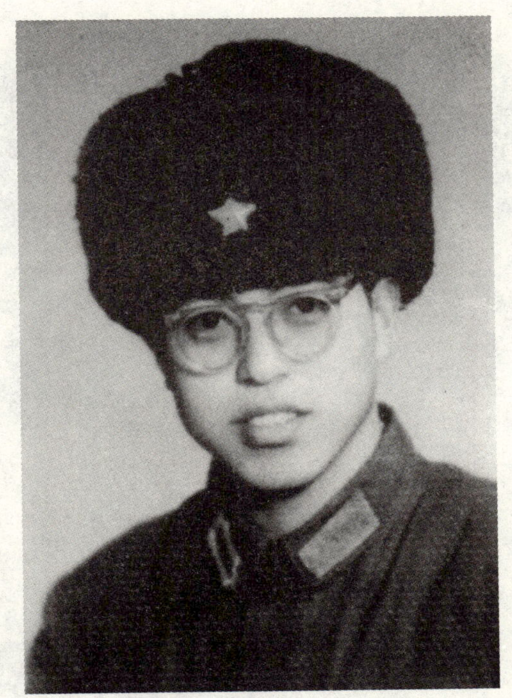

作者 1973 年摄于河北围场

作者与爱人刘其美于 1979 年结婚照

作者 1999 年与王景和教授摄于济南

1995 年作者陪同李景洲老师在济南

2005 年作者与赵学魁指导员在潍坊合影

作者（左数第一位）陪英国卡罗博士在济南参观工厂

作者1979年在原农机部帮助工作时陪同美国客人游览故宫

作者的战友张其江及同学李华轩

作者与中学同学王存新（右）

作者全家福

序 言

一只“丑小鸭”，经过多年打拼，终于脱胎换骨，发生了质变，变成了“白天鹅”。他能，你也能。

老友谭振学同志写的回忆录《梦圆时分忆当年》我反复读了多遍，感觉写得很好，对于年轻一代很有启发性、教育性，是一本年轻人励志的好教材。书中所述内容都是他亲历的事实经过，没有虚构，没有夸张，没有加工，没有润色，是用朴素的语言，如数家珍般向我们娓娓道来，情感动人，令人感慨良多。六十多年的生活，写了十万字左右，真够简洁洗练。

一名普通的鲁北农村孩子，没有跨进过大学英语系的门槛，而是通过十多年的艰苦自学，终于成了一名出色的英语翻译。他不但翻译了《漫漫自由路》（南非前总统曼德拉传）这样的文学传记作品，而且还翻译了大量机械类资料及科技、理论类图书（如拖拉机、数控、机床、电机和其他类机械资料以及《保证科学——质量保证与可靠性导论》《改革方法论》等书）。他不但能从事书面翻译，而且还能担任口语翻译，走遍了世界五大洲几十个国家。很多大学英语专业的学子们很难做到的事情，他却做到了。这真是难能可贵的！

他的成功主要依靠刻苦自学，依靠顽强拼搏，同时也得益于他的勤学好问、甘拜人师。他求教过的老师有四川省宣汉中学的英语名师徐世群（此人后来曾担任过四川省常务副省长），有原山东师范学院外语系李金声教授，有原河北省存瑞中学的英语名师乐清（此人原为《北京周报》的翻译）等。有这等高人指教，他肯定受益匪浅。

谭振学同志年轻时生活经历曲折。三岁时父母离异，家庭破碎，他备尝艰辛。上小学时又遇上了上世纪60年代的大饥荒，被迫辍学。他挨过饿，受过冻，吃过苦，受过累，担过惊，害过怕。但是，千难万苦都没有把他击垮，他顽强地生活，和命运抗争，刻苦学习，努力拼搏，执着奋斗，勇往直前，一步一个脚印，终于圆了他几十年为之奋斗的梦想。

世上无难事，只要肯登攀！

谭振学同志为外语系的学子们树立了榜样，其他行业的年轻人也应该向他学习。

泰山顶上的苍松，环境恶劣，无人关注，寒来暑去，风雨霜雪，它却顽强地扎根于岩石的缝隙中，靠着天地间的阳光、雨露和一点点土壤中的养分，巍然屹立傲苍穹。

孟子说："故天将降大任于斯人也，必先苦其心志，劳其筋骨，饿其体肤，空乏其身，行拂乱其所为，所以动心忍性，增益其所不能。"

谭振学同志的情况就像是扎根在贫瘠岩石上的泰山之松，就像是孟子所说苦其心智的"斯人"。

我和谭振学同志相识于1969年夏天，至今已45年了，在日常的接触中我发现他有很多优秀品质。

他为人谦和、厚道、正直、善良、勇敢、机智；他学习刻苦，坚韧不拔；他做事认真，一丝不苟。作为一名政府官员，他一心扑在工作上，追求的是效益和业绩，唯独不考虑自己职务的升迁。他看不起官场上一些人的作为，他从不为自身的利益出卖人格。他种过地、当过兵、开过机器、当过翻译、挂职过副县长，在省政府部门工作了二十多年，走遍了大江南北，去过数十个国家，一生经历丰富。他干一行，爱一行，干什么工作都肯动脑筋，都要争取做到最好。

几十年来，他在学习工作和生活上遇到了一些常人无法想象的艰难困苦，但他任何时候都没有在困难面前低过头、认过输，也没有碌碌无为虚度光阴，而是为祖国、为人民、为党的事业踏踏实实、兢兢业业地做了大量工作。

改革开放以来，我们的国家发生了天翻地覆的变化，国民经济大幅度增长，人民生活有了极大的提高。但是，随着改革开放的洪流，一些不健康的东西也涌了进来，苍蝇、蚊子也飞了进来。贪污腐败、拜金主义等低俗思想意识和行为侵蚀了不少青少年的身心健康。

新时代的年轻人有很多很多的优点，但其不足也是十分明显的。他们生在红旗下，长在蜜罐里，缺乏艰苦生活的磨炼，缺少拼搏奋斗的精神，有的人金钱挂帅，办事想走捷径。国之前途在于青年。这样的青年怎么能担当起祖国和人民的重托！现在的年轻人应当向谭振学同志学习，一心为公，努力拼搏，不断完善自我，把自己的本职工作做到最好，为实现中华民族伟大复兴的中国梦而奋斗！

青年同志们，奋起吧！美好的明天在等待着你们！

王景和

目　录

一、五味童年

生容易，活容易，生活不容易。1950 年 5 月 9 日，我出生在山东省沾化县黄升区流钟乡谭家村。我出生的那年，正在中学就读的父亲以调干生的方式被山东省公安干部学校录取，毕业后被分配到济南市公安局。当时，新中国刚刚建立，许多参加革命的乡下人都进了大城市。在这样的大背景下，全国各地刮起了一股风：许多从农村转入城市的干部离婚，抛弃自己在农村的妻子儿女。其结果就是造成了许多家庭的破裂，受害的当然是许许多多的妇女儿童。

在这股风气的影响下，我父亲也与我母亲离了婚。离婚判决是我由母亲抚养，父亲负担抚养费，通过我爷爷给我三亩地顶替。于是，我母亲只好带着我回到了我姥姥家。当时我只有三岁，我名下的那三亩地大概只种了三年，后来入了社，然后又随着举国上下开展的“人民公社运动”成了集体所有。从此之后，抚养我的义务就落到了我姥爷和姥姥的头上。姥爷、姥姥就生了我母亲一个女儿。姥爷、姥姥喜欢小孩，对我十分疼爱。在姥爷、姥姥和母亲的庇护下，我的童年还是幸福的。后来，我的母亲迫不得已改了嫁。

随着年龄的增长，我慢慢地显露出了小男孩顽皮的天性，免不了在外面与小朋友发生摩擦。一旦出现这种情况，我就被斥为“外户子”。

我姥爷姓鲁名文田。家住山东省沾化县修家村。他高高的个子，身体十分健壮，是标准的农村庄稼汉。他生不逢时，几乎一生都在兵荒马乱、灾荒连连、国难家忧中度过。他出生那年，中国发生了金丹教武装暴乱，后来，又经历了军阀混战、日本入侵、八年抗战、解放战争、早年丧父、中年败家等。他一生没有机会读书，因此，除了自己的名字，他几乎一个字都不认识。但是，坎坷的人生路造就了他为人忠厚、不怕困难、敢于担当、好打不平的性格。

我姥姥的娘家姓侯。姥姥虽然没有上过学，但是，知道的事情却很多。她尤其善于讲故事，什么二十四孝啊，劝人向善啊，朱元璋小时候用高粱叶杀人啊等，这些故事她都能讲得头头是道。我小时候可没少听她老人家讲这些故事，这些故事早早就被深深地印在了我幼小的心灵里。

我姥姥信奉佛教。这可能是她没上过学却知道那么多事、明那么多理的原因所在。在佛教的影响下，我姥姥一生喜欢行善好施、乐于助人。街坊四邻、鲁氏家族，不论谁家遇到困难，她都会鼎力相助。大家对我姥姥也很尊重，不论有什么苦恼和烦心的事，他们也都愿意向我姥姥诉说。尽管我姥姥家里也很穷，但是她打发讨饭之人却十分慷慨，绝不会让他们空手而归。从我记事开始，我记得只有一次例外，那大概是1956年前后的事。有一天，姥姥正在家里做饭，忽然来了一位白发苍苍的老婆婆。她右手拄着一根棍，左手拿着一个碗，一进门就喊："可怜可怜吧，请给口饭吃。"我姥姥听见来了要饭的，连忙说："你来得有点不凑巧，刚刚蒸上一锅窝窝头，还没熟。请你另赶个门吧。等锅里的窝窝头熟了你再来。"老婆婆听完姥姥的话后就转身走了。她应该是个常客，知道我姥姥说的是真实情况，不然，姥姥绝不会让她空着手走。这时，我忽然想起，昨天晚上姥姥家的一个晚辈，按辈分我应该叫她妗子，给姥姥送来了两块熟地瓜。昨天晚上我已经吃了一块，还剩下一块。我想：姥姥为什么不把那块地瓜给老婆婆呢？于是，我立即从篮子里找到了那块地瓜，拿起来就连蹦带跳地跑出了大门。不大一会儿，我就找到了那位讨饭的老婆婆，我走上前说："老奶奶，给你一块地瓜，你吃吧。"老奶奶连忙用碗接下地瓜，并说："谢谢！谢谢你这个好心的小孩子。"

事后我才明白，当时正直阴历四月，此时，地瓜已经很稀罕，它甚至比白面馍馍还珍贵。我的那个妗子是作为珍贵食品孝顺我姥爷和姥姥的。我姥爷和姥姥没舍得吃，都留给了我。而我只吃了一块，另一块则慷慨地给了要饭的老婆婆。

我姥爷一生坎坷。人生三大不幸他摊上了“幼年丧父”这一项。姥爷十一岁时没了父亲，因此，他小小的年纪就不得不挑起了家庭生活的重担。姥爷既没有姐姐，也没有妹妹，只有一个比他小两岁的弟弟。据母亲回忆，自从她记事姥姥家就是一个八口之家。那时候，我姥爷和姥姥上有老母，下有弟弟、弟媳、两个侄子和我母亲。我的二姥爷几乎没有为家里做出什么贡献，相反他却为家庭带来了巨大的债务负担。他在外参与赌博，把全家八口人赖以生存的房子和地都输给了人家。而他自己则来了个“三十六计，走为上计”。他离家出走时，他的两个儿子大的只有两岁，小的还不到一岁。他的出走把债务和养活全家的重担全部丢给了我的姥爷和姥姥。这突如其来的变故使我姥爷及其全家一夜之间变成了上无片瓦、下无立锥之地的无产者。作为上有老、下有小的家庭，地可以用来抵债，但无论如何也不能没有住处。我姥爷只好向村子里比较富裕的人家借债，费尽九牛二虎的力气才把房子暂时赎了回来。为了归还这个沉重的债务，为了一家老小的生计，我姥爷不得不去给富人当长工，并且一当就是十几年。经过千辛万苦，我姥爷终于还清了为赎回房子而借贷的全部债务。

我姥爷一生坎坷，家里也一贫如洗。但是，由于他老人家为人忠厚、办事公道、敢于担当，他在鲁氏家族中仍然具有很高的威信。他四十多岁就被推选为鲁氏家族第十一代家族长。他身在其位，尽职尽责。为了维护鲁氏家族的利益，他不惜打官司坐大牢。

我对姥爷和姥姥的感情很深，这种感情远远胜过对父母的感情。我姥爷和姥姥给我的太多太多，而两位老人家从我这里得到的回报却少之又少。没等我长大成人，姥爷和姥姥就相继去世了，没有给我留下好好地报答他们的机会。每每想到这些，我的心里就感到十分难过。

不过，在我姥爷和姥姥的言传身教下，我从小就懂得知恩图报和孝顺老人。记得我五六岁的时候就知道用身体给姥爷和姥姥暖被窝。那时候沾化的冬天十分寒冷，大地被冻得裂开了宽宽的地缝。家里的房子由于没有取暖设施而异常寒冷，夜里屋内依然结冰，炕上的被子被冻得像冰那样凉。农村的人冬天身上穿的衣服只有棉衣棉裤，晚上睡觉也没有睡衣。更确切地说，他们连听说都没听说过睡衣为何物。因此，睡觉时身子直接接触冰凉的被子。特别是在刚刚进入被窝的时候，被子冰凉冰凉的。为了不让姥爷和姥姥忍受这种苦楚，我每天晚上都为他们暖和被窝。在两位老人家上床睡觉之前我先脱光自己的衣服，用自己的身体分别给姥爷和姥姥暖和被窝。这也算是姥爷和姥姥从我身上得到的唯一的回报。

姥姥家赎回的院子由三间北屋、三间东屋、两间西屋和与西屋相连的一间大门组成。虽然院子不大，都是土房子，而且现在早已不复存在，但是，它至今仍然深深地留存在我的脑海里。

三间北屋由一间堂屋和分别位于西端的一间储藏室和东侧的一间卧室组成。堂屋既是接待室，又是厨房和餐厅。堂屋与储藏室之间的墙上有一个双开门，而堂屋与卧室之间的墙上只有门框没有门，取而代之的是在门框上挂着一个厚厚的黑布帘。卧室里，建有一个大土炕，面积几乎与整个卧室的面积相同，只是在入口处留有一个约40公分乘75公分的空间。在土炕的西南端，放着一个三抽屉桌，约有40公分宽、150公分长、30公分高，桌子上面用来存放被子。土炕不但是休息睡觉的地方，而且也是我姥姥纺线做针线活的场所。因此，姥姥的纺线车成年累月地放置在土炕的南端。卧室的南墙上有一个木格窗子，窗子没安玻璃，而是用薄薄的白纸一糊了之。在卧室的东墙上，留有一个大约一米见方的壁橱，壁橱没有门，也是挂了一个布帘。壁橱通常用来储藏各种杂物，其中包括姥姥纺线和做针线活的各种物品。堂屋的西北角上放着一张旧桌子，是姥爷祖上传下来的，桌子的东侧放着一把旧式圈椅。堂屋的东南角上建有一个一米见方的土锅台，锅台上有一口口径约为80公分的大锅，不论是做饭还是炒菜都用这个大锅。锅台的东端与卧室的西墙相连，与锅台配套的没有风箱，更没有鼓风机，只有一个叫作“风呼哒”的东西给灶膛供风。这种风呼哒结构很简单，仅仅由几块砖和一块宽约30公分、长1米左右的双层厚粗布组成。风呼哒的一端用砖压住，另一端则握在做饭人的左手上，随着左手上下抖动而产生风，风沿着灶台留下的风道被送入灶内。锅台的后壁通过堂屋与卧室之间的墙与土炕连在一起，墙上有一个孔，土炕的内部有四通八达的风道，烟囱建在卧室的东墙内，其出烟口大约高出房顶40公分。做饭时，灶台内形成的烟和部分火被烟囱吸入炕内，从而实现卧室取暖。实际上，当时中国北部严寒地区广大农民冬天都是采取这种方式取暖。

姥姥家的三间东屋由一间里间屋和两间外间屋组成。里屋位于北端，主要用作储藏室。两间外屋被两口棺材占去了大部分空间。这是姥爷、姥姥为自己百年之后准备的。

两间西屋由一间外屋和一间里屋构成。里屋的空间全部被一个土炕所占据。姥姥过继并养大的舅舅一家住在两间西屋里。舅舅家共有四口人，除了舅舅、妗子外，还有一个表妹和一个表弟。

与两间西屋连在一起的是一间大门过道。大门过道里也建有一个锅灶，供夏天做饭之用。

厕所和猪圈建成一体，位于院子的南墙根。

姥姥家的这座小院落在我的记忆中留下的东西实在是太多、太多。但是，随着姥爷和姥姥的去世，这座小院子也被拆除了。等我长大成人后再回到老家为姥爷和姥姥上坟的时候，那个小院落就只剩下一片废墟了！二十年之后，当我已经有能力重建那座小院落的时候，那片宅基地也被村子扩建道路时占用了！

1958 年，当我刚刚踏进学校大门不久，全国上下正在热火朝天地开展大跃进。我在这种非常时期上了两年学后，紧接着又与三年饥荒不期而遇。在这个时期连肚子都填不饱，哪里还有心思上学读书啊？1963 年春天，由于家庭生活困难我被迫辍学回家务农。当时，我只有十三岁，算是刚刚读完小学四年级。辍学后不久，我饱尝了失学的痛苦。每当我看到身边的小伙伴背着书包去学校读书的时候，我的后悔之心就十分强烈！我是多么渴望重新背起书包到学校读书啊！连做梦都想上学！在当时学校少且又缺乏师资的农村，有许多适龄儿童根本就没有机会去学校读书，而像我这样退了学的孩子，再想恢复学籍那简直是不可能的事！从此之后，我只好一边在家务农，一边利用业余时间坚持自学。没有课本我就借用别人用过的旧课本。除了白天下地劳动之外，我把所有能够挤出的时间统统用在了学习上。

通过两年的自学，我不但读完了小学五年级和六年级的算数、语文课本，另外还读了多部古典小说，如《大八义》《小八义》《三侠五义》《小五义》《雍正剑侠图》《七剑十三侠》《包公案》《施公案》《彭公案》《西游记》《水浒传》《刘秀走南阳》《金鞭记》《杨家将》《隋唐演义》《岳飞传》《九下南唐传》《薛刚反唐》等。作为一名只在学校读过四年书的小孩来讲，读这样的书开始很困难，里面有许多字不认识，只好借助于《新华字典》，边读边查生字，速度很慢。但是，这些书特别容易让读者着迷。我越读越爱读，很快就到了痴迷的程度。白天，我一天不落地参加生产队的劳动；晚上，我如饥似渴地读书，常常一读就读到深夜。当时，我的老家经济文化十分落后，生活环境十分恶劣。夏天，天气炎热，气温能达到摄氏 40 度以上，而且蚊子也十分多，晚上在煤油灯下读书又热又有蚊子叮咬，有时，我只好把煤油灯放在蚊帐里面，躺在炕上读书。有一次，我在读书中不觉不知地睡着了，手上的书落在了煤油灯上，因而把蚊帐点着了。幸亏屋子里有一个盛水的大缸，我及时地把火扑灭了，但是我那床宝贵的破蚊帐却被烧成了灰烬。从此之后，蚊子再多，我也不敢在蚊帐里读书了。冬天，我们那个地方十分寒冷，最低温度能达到零下 15 度，大地被冻得裂开宽宽的缝隙。由于贫穷，几乎家家没有供暖设备，连简易的取暖炉都没有。夜间，房内水缸里的水都会结成厚厚的冰。在这样寒冷的环境中读书，手脚都会被冻肿、冻裂。

我就是在这样的环境下利用 700 多个夜晚完成了上述书籍的阅读。通过阅读这些书籍，我的识字能力和语文知识得到了大幅度的提高。与此同时，我还从中学到了许多做人的道理。它对于我的人生观和世界观的形成起到了重要的用。我十分钦佩书中描写的那些忠臣、志士和侠义英雄，例如包拯、岳飞、杨家将等。每当读到他们忠君、爱国和行侠仗义的英雄事迹时，我常常被感动得热泪盈眶。同时，我也十分憎恨书中描写的形形色色的奸佞之人，例如庞文、潘仁美、秦桧等，他们的恶行让我恨得咬牙切齿。通过阅读这些书，使我养成了爱憎分明、疾恶如仇的性格；通过阅读这些书，使我养成了不畏强暴、不怕困难的性格；通过阅读这些书籍，使我养成了做事有恒心、挫折面前不肯动摇的性格；通过阅读这些书籍，使我养成了为人光明正大，决不向歪风邪气低头的性格。

通过阅读这些书籍，还使我小小年纪就成为生产队里的“故事大王”。许多成年人，特别是有些上了年岁的社员，都愿意与我结伴干活，因为我能给他们讲许多成本大套的故事。他们最爱听的是《三侠五义》《金鞭记》《雍正剑侠图》等。

在阅读这些书籍的过程中，我结识了许多书友。他们中不但有本村的人，而且还有周围其他村子里的人。正是通过书友之间的互通有无，我才得到了那么多的书读。在我所读的上述书籍中，没有一本是我自己的，全部是从书友那里借来的。

二、河边的小窝棚

1964年秋天，当时我已经辍学在家务农。生产队队长见我年纪小，因此，给我分配了一个看庄稼的活。和我一起看庄稼的是一位上了年纪的单身汉，按街坊辈分，我应该叫他大爷。当时，老百姓还没有摆脱饥荒，因此，地里的庄稼没等完全成熟就会遭到盗窃。我们负责看管的庄稼地离村子比较远，并且位于徒骇河的对岸。因此，这片地里的庄稼经常遭到河对岸邻近村民的偷窃。为此，我们生产队不得不派专人去看护。队里要求看护庄稼的人昼夜吃住在地里，对庄稼实行24小时不间断看护。

我们看护的庄稼地里有几座坟墓，我们在坟与坟的空当处用玉米秸搭了个窝棚。窝棚呈倒V字形，上面尖下面宽，其宽度刚刚能容得下我们两人的身躯。由于窝棚的形状和高度的限制，我们在里面只能躺着或坐着，根本无法站立。因此进出窝棚全靠四肢并用地爬行。一开始，在这样的环境中睡觉我很害怕，害怕身边坟墓里的鬼夜间出来摄我们的魂。后来渐渐习惯了，我的胆子才慢慢大起来，不再怕神怕鬼了。

和我一起看护庄稼的老大爷喜欢打鱼，他把渔网和钓鱼钩都带到了我们看护庄稼的地方。白天，他让我在地里看护庄稼，他则到附近河边去钓鱼，因此，我们天天都有鱼吃。由于受条件的限制，我们做鱼的方法很简单，仅仅是放点盐，把鱼煮熟即可。有时，老大爷打的鱼比较多，当天吃不完，他就用细绳把鱼穿起来挂在窝棚外面的最高处。当时，我们那里有一种猫科动物，样子像猫但比猫大，我们把这种动物叫作野狸。据说野狸专门吃猫，猫也最怕野狸。猫一见到野狸就会吓得浑身发抖，野狸会把猫带到河边，让它喝水洗肠胃，等到猫把自己的肠胃洗干净后，野狸再把猫吃掉。我们吃剩下的鱼引来了野狸。待到夜深人静时，野狸把挂在窝棚上的鱼吃了个精光。第二天，老大爷想出了一个捉住那只野狸的办法。他在窝棚前挖了个坑，然后把扁担一端埋在坑内，并让扁担保持一定的倾斜度。扁担的另一端拴了根细绳，细绳的另一头拴上四个钓鱼钩，每个钓鱼钩上都挂有一条约 20 公分长的鱼，使其沿着细绳垂下，与地面保持 30 公分左右的距离。到了晚上，我们两个人都躲进了窝棚，密切关注着外面的动静。那天夜里，那只野狸果然又来了。不过它很狡猾，它小心翼翼地把四条鱼都啃去一多半，唯独把挂着钩子的那部分原封不动地留在了鱼钩上。这样，野狸躲过了老大爷为它设下的陷阱，使老大爷钓野狸的计划落了空。第二天夜晚，老大爷仍然下了钩，这次他调整了鱼钩距离地面的高度，使野狸不能轻易吃到鱼钩上的鱼并逃脱。野狸是记吃不记打的一种动物。第二天晚上，它又来到窝棚旁。它看了看吊在鱼钩上的鱼，然后悄悄地走过去。但是，这次它就没有上次那么幸运了，它不再能够一仰头就吃到钩子上的鱼。说起来它还真是“聪明”，只见它立起身，用两只前爪去抓鱼钩上的鱼。老大爷抓住机会，拿起身边的木棍就打。野狸吓得想松开爪子逃跑。但是，这回它却再也无法逃脱，鱼钩已经牢牢地钩住了它的一只前爪。说时迟那时快，老大爷趁机用木棍狠狠地打在了野狸的头上，它只哀叫了两声就一命呜呼了。老大爷当天晚上就把野狸的皮剥下来，然后开膛破肚，把五脏六腑掏出来，又把野狸大卸八块，放进锅里。那只野狸又肥又大，整整煮了一锅。煮熟之后光油就撇了一小盆。煮熟的野狸肉，我一点也没敢吃，我害怕野狸的鬼魂会来报复。老大爷那次却实实在在地发了个大财。他把野狸皮晒干后卖给了当地供销社，一下子卖了两块多钱。野狸油也很有用途，是油渔网的好材料，他也卖了一些钱。

如上所述，我在农村当了两年农民，当时只有十三四岁，是地地道道的童工。尽管年纪小，但两年中所有农活我全都干过。我打过场、割过草、看过坡、推过肥、拔过麦子、挑水浇过地。虽然年纪小，但是挣的工分却不少。只要干的是按量计分的活，我每天挣的工分就会比成年人还多。例如，给生产队里割草，每十斤一分，我一天可以割三担草，每担有一百多斤，这样，我一天就能挣三十多分，是成年人每天所挣工分的三倍多。十几年后，当我从济南回老家时，同村的一位老太太还指着我说："这个孩子小时候可受了累了。那时候，他挑两个大草垛子，有牛腰那么大。他在两个草垛子中间挑着，只看见两个草垛子在动而看不见人，因为那时他年龄小、个子也小。"

又如拔麦子，这个活在农村是公认的累活。当时是按趟计分，每拔一趟麦子（一趟等于两行）给记十分。一般我每天可以拔十多趟，一天可以挣一百多分，所挣工分比成年人多一倍还多。拔麦子期间，我的双手磨起了重泡。所谓重泡，就是磨起的泡破了后又在原来的位置重新磨起了泡。两手手心都肿了起来，吃饭时连筷子都无法拿。但是，一到地里拔起麦子来，两只手很快就麻木了，似乎一点都不觉痛。

再说说挑水种地瓜。我记得是从河里打水，然后把水挑到地里，往返一趟需要爬一个大河堤。有一次我一天挑了六十多担水，往返河堤达一百二十多趟，足有三十多公里。那样的劳动强度是可想而知的。

有一次用独轮车往地里运土家肥，独轮车中间是护轮架，护轮架左右两侧各放一个柳编筐，大约有一米半长，三十五公分宽，四十公分深。两只筐装满了土家肥至少有三百公斤重。十三四岁的我就是推着这样的车子，与成年人一样，一趟又一趟地往地里运送土家肥。路上有一个很大很大的上坡，为了把车子推上那个坡，距离上坡还有一段距离的时候，我就得推着车子飞跑起来，只有借着这种惯性，才能把车子推上坡去。有一次，我起跑的速度慢了点，由于惯性不足，当我把车子推到即将爬上坡顶的时候，车子忽然停了下来。我赶忙把车子往下一压，让车子的两个腿接触地面，这才把即将从坡上滚下来的车子停在了原地，避免了车子从我身上碾下来的危险。但是，就在我往下压车子的那一瞬间，位于两个筐子之间的那个护轮架却重重地撞在了我的额头左侧，鲜血顿时不住地冒了出来。和我一起运肥的叔叔，赶紧领着我去了乡医务室。医生给我简单地包扎了一下我就回了家。那次事故在我的额头上永久地留下了一个伤疤，至今几十年过去了，伤疤依然清晰可见。

三、艰苦的农中生活

俗话说：天无绝人之路。两年后，我终于获得了再次上学的机会。1965 年，沾化县在我的家乡黄升区新建了一所中学，取名沾化县第四中学。当时，为了贯彻刘少奇关于“半工半读”和“半农半读”的教育思想，沾化四中还招收了一个半农半读的农业中学班，允许往届毕业生或具有同等学力的适龄青少年报考。我终于抓住了这一难得的机会，于 1965 年以同等学力的资格考上了沾化四中的农业中学班。

沾化四中位于沾化县黄升镇的西部，距离黄升镇只有一公里左右，学校周围都是庄稼地。我们入校的那年，学校还没有完全建成。当时，学校里只有教室和教职工宿舍。学生宿舍是我们入校之后通过半工半读方式自己建造的。这期间，我们除了读书，还要自己动手脱坯，用地排车和独轮车从十五公里之外的砖瓦厂往学校运砖、运瓦，然后再用我们自己脱的坯和运来的砖瓦为自己盖宿舍。整整用了半年的时间，我们通过自力更生建起了两排学生宿舍。由于这次入学前我在农村干了两年农活，几乎什么活（其中包括脱坯、推独轮车）都曾经干过，因此，在勤工俭学盖宿舍期间，我得以大显身手。在脱坯、运送砖瓦和盖房子中我是我们班最能干的一个学生。脱坯，我一天可以脱500多个；推独轮车，我可以推重量达千斤以上的砖瓦和土坯。我们家乡盖房子用的坯是用掺了麦草的泥脱制而成的，一个坯晒干后足足有五十多斤重，我用独轮车一次能装运二十个。

在沾化第四中学读书的两年中，我的学生生活是极其艰苦的。虽然每天学习和劳动都很繁重，但生活却得不到保障，每天吃的是从家里带来的窝窝头。这种窝窝头是用地瓜面、糠和野菜做成的，地瓜面占一半，另一半则是糠和野菜，吃起来又苦又涩，而且粗糙难咽。当时，我们每个礼拜回家一次，一次要带足够吃五天半的窝窝头。我通常一次带上四十个窝窝头，用一个自己缝制的棉布袋子盛着，有十五六斤重。带到学校后，学校食堂负责免费用大蒸笼给学生热饭。由于学生们所带的干粮不一样，为避免相互拿错，每个学生必须自己准备一个热饭的布袋子。热饭时，需要把要热的干粮盛在袋子内，然后连同袋子一起放在蒸笼里。我用蚊帐布缝制了一个一次能盛六个窝窝头的袋子，专门用来热窝窝头。那时候，我们班上的多数学生都没有钱买菜，能吃上咸菜就算不错了。我连咸菜也吃不起。为了把难咽的糠菜窝窝头顺顺当当地吞入肚内，我每顿饭从食堂里打一碗玉米面粥，再从食堂里要一点盐放在里面，这就算是我的“菜”了。你别说，如果不是我“聪明”地想出这个点子，生啃地瓜面加糠菜的窝窝头，的确不是一件容易事。那些又苦、又涩又粗糙的窝窝头吃起来都拉嗓子眼。

有一次我的偶然发现使我找到了解决吃菜的好办法。那是1966年春末夏初的时候，我在学校外面的水沟里发现了一种野菜，长得绿油油的，有点像菠菜。我们当地老百姓称这种野菜为野菠菜。这个发现使我茅塞顿开，我想，如果把野菠菜洗净、蒸熟并撒上些盐不就是现成的菜么？于是，我立即开始拔起了野菠菜，不大一会儿，就拔了一大掐野菠菜。我把野菠菜洗净后放在热干粮的布袋内，并不声不响地连同要热的干粮一起放进了学校给学生馏干粮的蒸笼里。等开饭时，我把加热后的窝窝头和那些已经被蒸熟了的野菠菜拿到了教室，随后，把野菠菜从蚊帐布袋子里取出来，放进碗里，并撒上一点从食堂里要来的食盐，这样，一碗热气腾腾的菜就算是做好了。就着这样的菜吃起我那糠菜窝窝头来感觉味道好极了。我暗想，从此之后只要地里有野菠菜我就再也不需要为菜发愁了，这真让我着实地高兴了一大阵子。但是，事实证明这不过是一场空欢喜。随后听见许多学生议论，他们那天从食堂里打的玉米面粥不知什么原因变成了绿色。有的学生说可能是炊事员往玉米面里掺了假，要求学校的领导查一下。我听到大家的议论后不由地害怕起来，因为我知道那是我的野菠菜惹的祸！幸运的是，这件事最后终于落了个不了了之。但是，我的关于“菜”的美梦却随之破灭了。从此之后，我仍然过着咸粥就糠菜窝窝头的生活，而且，这种生活一直持续到我离开沾化四中为止。

在沾化四中学习期间，还有一件令我痛苦不堪的事情，那就是夏天蚊子的叮咬。如前所述，我们学校位于黄升镇的西郊，四面全是庄稼地。因此，夏天的蚊子特别多。我们的男生宿舍当时住着三十多名学生，大家睡的是大通铺。虽然夏天蚊子特别多，但多数学生都买不起蚊帐，能享受有蚊帐待遇的可以说是凤毛麟角。我当然属于没有蚊帐的多数之列。那时候，我们那里的蚊子似乎比其他地方的蚊子凶得多，它们不住地对我们发动攻击。更令人气愤的是，它们边进攻边嗡嗡地直叫，似乎是向我们发“淫威”。我们这些学生，也不是坐以待毙的熊包，不住地用巴掌进行反击。听吧，啪啪的巴掌声此起彼伏，俨然就像是一曲激昂的战斗进行曲。在与蚊子交战中，最后胜利的往往是蚊子而不是我们。因为，它们蚊多势众，而且都具有勇往直前、前仆后继的精神。我们却不然，似乎显得有点寡不敌众，并且明显地是有前劲没后劲，不长时间之后，我们的巴掌声就逐渐减弱。再往后来，我们就成了名副其实的“任蚊叮咬”的牺牲品。第二天早晨起床时，我们个个被蚊子咬得鼻青脸肿、伤痕累累。

幸亏我睡的地方紧挨着一名蔺姓学生，他父亲是黄升区委（现在为黄升公社）的炊事员，也在国家正式职工之列，每个月都有三四十元的工资，所以家庭条件比较富裕。他父亲专门给他买了一架崭新的单人蚊帐，因此而成为我们班上的佼佼者。本来，一个没有蚊帐的人与一个有蚊帐的人相邻而睡并不是一件好事。因为，本来咬两个人的蚊子却都集中在了没有蚊帐的人身上。但是，我却很快找到了趋利避害的好办法。睡觉时我顾不上蒸笼般的炎热，把整个身子用厚厚的粗布床单裹起来，然后再把头钻进蔺姓同学的蚊帐里。这样一来，蚊子也就基本上咬不到我了。

虽然生活十分艰苦，但是我学习却非常刻苦，每天坚持早晨和晚上比别的学生多学一段时间。那时候，学校里没有电灯，要想早晚加班加点学习，必须首先解决照明问题。这个问题倒也难不倒我。我自己动手，用墨水瓶和破棉絮（用破棉絮搓成灯芯），自制了一盏煤油灯。当早上和晚上别的同学都进入梦乡时，我却悄悄地回到了教室里，借助这盏自制的煤油灯开始了自学。我决心好好学习，努力向上，争取读完了初中读高中，最后实现自己的大学梦。正当我踌躇满志地刻苦学习的时候，史无前例的“文化大革命”烈火般地在中国这片古老而文明的大地上熊熊燃起，我的大学梦似乎也随之被烧成了灰烬。

四、文革经历

“文化大革命”初期，我与千千万万个当时的中国学生一样，积极地响应毛主席的号召，全身心地投入到了无产阶级“文化大革命”之中，破四旧、立四新、批斗走资派、革命大串联，我样样都积极地参加。但是，随着“文化大革命”的步步深入，没有多久我就开始对“文化大革命”产生了疑惑。我觉得“文化大革命”越搞越过火，不但许多领导干部被打成了走资派，而且不少老师和群众也被打成了牛鬼蛇神、反革命分子，而且打、砸、抢、烧盛行，许多名胜古迹遭到了毁灭性破坏。这让我越来越感到失望，渐渐地对“文化大革命”丧失了信心。我开始逃避“文化大革命”，偷偷地重新开始了自学之路。夏天，学校周围的青纱帐为我提供了秘密自学的小天地。庄稼地里有一个不大不小的墓地，墓地里没有树，但有蓖麻，每座坟墓上都种着蓖麻，大大的蓖麻叶子可以遮挡炽热的阳光。蓖麻下的坟墓斜坡成了我学习的课堂。我每天一有空就偷偷地带着书来到这里，坐在蓖麻下孜孜不倦地自学数、理、化。这里虽然条件很差，但是我的学习效率却很高。我用了一个夏天，学完了初中二、三年级的数理化课程，而且学得十分扎实，书中的练习题我全部做了一遍，该掌握的定义、定理和公式我都能熟练地背出来。在学完初中数、理、化之后，我接着转入了高中课程的学习。到 1967 年 9 月底，我通过自学完成了高中代数、三角和立体几何的学习。在沾化读书的时候，我遇见了一位好老师，他名叫李景洲，是一位数学老师。每当我在数学方面遇到难题，他总是认认真真地给我讲解。1966 年 6 月，轰轰烈烈的无产阶级“文化大革命”爆发了，学校的学习环境完全被破坏了。供学生学习的教室变成了开展“文化大革命”的场所。李景洲老师为了让我有一个安静的学习环境，不惜牺牲自己的休息空间，把个人的宿舍变成了我的学习课堂。每当夜晚降临的时候，我都会去李老师的宿舍学习。而李老师自己却把门锁上，然后去别的什么地方。当我在他的宿舍学习的时候，他一人或几人在外面散步，或者躲在别的老师的宿舍里聊天打发时间。需要说明的是，当时由于学校新建不久，老师的生活条件也很差。每个老师都是孑然一身生活在学校，每人只有一间单身宿舍。李老师慷慨地把自己的方便让给了自己的学生，这是世界上的大爱。他的这种大爱激励了我，使我产生了克服学习道路上一切困难的巨大力量。

“文革”期间，同许多同时代的学生一样，我参加了革命大串联。革命大串联是全国性的、费用全部由国家支付的学生免费周游全国的、规模和声势十分浩大的特殊运动。它是毛主席为了广泛深入地开展“文化大革命”而支持红卫兵运动的一种重大活动。在毛主席的支持下，全国有成千上万的学生参加了大串联。由于那时候我身处农村，年龄又小，所以串联的地方不太多，仅仅到过北京、上海、青岛、南京、苏州、济南、天津、秦皇岛、北戴河和唐山。这在我们学校可算得上是串联的地方比较多的。我们学校的学生绝大多数都没有串联过。而城市里的许多学生，在革命大串联中走遍了全中国。

我的大串联经历可以分成两个阶段，第一个阶段是步行串联，第二个阶段是乘车串联。

我们班参加步行串联的学生共有十八名。这十八个学生都属于同一个红卫兵组织，名叫“永卫东战斗队”。其中“永卫东”三个字是“永远捍卫毛泽东”的缩写。我们步行串联的目的是去北京接受毛主席的接见。我们在报纸上看到，全国各地的学生都去北京串联，并且都得到了毛主席的接见。那时候，毛主席被红卫兵看成是“红太阳”“红司令”，能见到毛主席，那是最最幸福的事情。所以，我们再也耐不住寂寞，决定步行去北京见毛主席。从我们家乡到北京有四百多公里的路程，步行去北京谈何容易！为了步行去北京，我们做了充分的准备。农村的学生都很穷，几乎没有路费可带。为了解决路途中的吃饭问题，我们每人除了带上够吃三天的玉米面窝窝头之外，另外还带上够吃五天的玉米面，以便吃完窝窝头后在路上自己再蒸窝窝头。中国有句俗话，叫做“穷家富路”，玉米面和玉米面窝窝头在当时对于我们这些农村学生来说当然算是地地道道的“富路”了，因为在学校里，我们只能吃地瓜面窝窝头，连玉米面窝窝头都吃不上！为了解决路途中的睡觉问题，我们每人都带了被褥。一床被褥少说有四公斤重，再加上窝窝头和玉米面，每人需要负重十多公斤。背着如此重的行李步行去北京，对于十六七岁的中学生来说，那种艰难程度是可想而知的。我们十八名学生中，既有男生又有女生，其中也有身体较弱的学生，他们背着如此重的行李确实很吃力。于是，我们专门配备了一辆独轮车，用来帮助身体较弱的学生承运行李。准备就绪后，我们于 1966 年 10 月 28 日踏上了去北京的征程。蔺文茂、穆耿泉和我被指定为独轮车推手。独轮车上不但有我们三个人的全部行李，而且还有另外十五人携带的窝窝头和玉米面。因此，独轮车上的负载量足有一百多公斤重。

动身前，我们对着地图设计了行程路线。我们设计的行程路线是：从黄升出发，途经无棣、海兴、黄骅、静海、天津、廊坊、大兴，最后到达目的地北京，计划利用一周的时间。

第一天，我们背着整齐的行装，排着整齐的队伍，迈着整齐的步伐，昂首挺胸，雄赳赳气昂昂地朝北京方向走去。这一天，我们走了三十多公里，到达了无棣县的谢儿庄。我们决定在谢儿庄宿营。谢儿庄是一个比较大的村庄。大约有四五百户人家。我们与谢儿庄的村支书取得了联系，希望他给我们找个住宿的地方。村支书王大叔一听我们是步行去北京串联的学生，对我们很热情。他把我们安排在了村子的小学里。这所小学位于村子的北头，是由四个教室（分一年级、二年级、三年级和四年级）和两个教师办公室组成的一个大院子。除了房子比民房稍大一点之外，几乎与民房没有什么区别，全都是土房子。到了小学之后，我们放下背上的行李就立即动手打扫卫生，四个教室和宽敞的院子都被我们打扫得干干净净。我们这是以实际行动向红军学习。据说，当年参加二万五千里长征的红军就是这样做的。所以，毛主席说：“长征是宣言书，长征是宣传队，长征是播种机。”

打扫完卫生之后，我们立即分成两组，一组负责收拾住的地方，另一组负责生火做饭。学校里有现成的锅灶，我们用它热了我们随身携带的窝窝头，同时又用玉米面作了一大锅玉米面粥。虽然没有菜，但是我们感觉吃得很香。我们把教室里的桌子摆放在一起，然后铺上我们随身携带的被褥就成了“床”。由于一天的跋涉，大家都十分疲乏，那天大家睡得很香。

第二天天还不亮，我们就早早地起了床。起床后，我们立即把被褥打成整齐的背包，再把桌子按照原来的位置摆放好。为了不惊动村子里的人们，我们留下了一张感谢条之后就悄悄地上路了。

第二天，我们的目标是海兴县，大约要行程40公里。由于头一天已经走了一整天的路，第二天上路我们感觉腿和脚都有点儿酸疼。但是，我们仍然精神抖擞，迈着整齐的步伐，一路行军一路歌地往前走。大约走了一个多小时，我们来到了一座山前。这座山名叫“碣石山”。山虽然不高，但是历史久远。它是国内罕见的第四纪火山中最年轻的山体，对于揭示鲁北平原、黄河三角洲的环境演变过程，追溯早期人类活动踪迹以及火山岩科研教学有着不可替代的作用。据记载，早在1700年前，曹操率军北伐乌桓贵族，曾经登临过碣石山，并写下著名诗篇——《观沧海》。诗中说：“东临碣石，以观沧海。水何澹澹，山岛竦峙。树木丛生，百草丰茂。秋风萧瑟，洪波涌起。日月之行，若出其中。星汉灿烂，若出其里。幸甚至哉，歌以咏志。”我的家乡是平原，此前从未见过山，这次我们路过此山，绝不能丧失游览这座名山的机会。于是我们顾不上休息，立即开始登山。碣石山，又名无棣山、盐山、马谷山、大山。海拔63.4米，方圆0.39平方公里，系73万年前火山爆发喷出而形成的锥形复合火山堆，是华北平原地区唯一的火山，被誉为“京南第一山”。据当地一位老大爷介绍，古时候，碣石山近河傍海，有很多景点：山上有碧霞元君祠、文昌阁、吕祖祠、关帝庙、盐神庙、天爷庙、奶奶殿、魁星阁、二郎庙、阎罗殿、清凉庵，山下寺院为观音堂。但遗憾的是，现在这些景点统统随着时光荏苒而销声匿迹。我们从山下爬到山顶却什么也没有看到。

爬完山后已经是上午八九点钟。我们决定在山脚下吃早餐。于是，大家找了个地方，掏出随身携带的窝窝头吃了起来。半个小时后，我们用完了早餐，然后立即继续我们的“长征”，朝着海兴县奔去。中午时分，我们走出了山东，到达了河北省海兴县。海兴县属于河北省沧州地区。由于海兴县地理位置得天独厚，而且境内有一座山，名叫马骝山，所以其知名度比较高，经济也相对比较发达。马骝山，又称小山，素有渤海秀峰之称。它北望京津、东临渤海，趾触沧州大港。其优越的地理位置、独特的自然景观、深厚的文化底蕴使它成为今天旅游观光的好去处。小山的名胜古迹在向人们昭示小山神秘，小山的奇闻轶事在向人们诉说一个又一个凄美动听的感人故事。我们决定顺路去马骝山，亲眼看一看这座远近闻名的小山。马骝山，位于海兴县城东5公里。当天，我们无论如何也赶不到马骝山了，因为，当我们到达一个名叫“新立庄”的地方，天色已经很晚，我们不得不在新立庄借宿一夜。我们进了村庄，通过打听，找到了新立庄的张书记。张书记看上去有五十多岁，穿戴很整洁，与普通农民大不一样。他把我们安排到了大队部。大队部是一个比较大的院落，院子里能容纳上千人，全村社员大会都是在这里召开。院子里有六间北屋，其中东头四间是通着的，里面桌椅板凳俱全，显然，这是他们村干部办公的场所。他掏出钥匙把门打开，并且说：

"村子里的条件比较差，只能安排你们在这里凑合一夜。"我们连忙说："这里条件很好，比我们在家里住的地方都好。"这并不是客气话，实际情况也确实如此。我们家里的房子又矮、又破、又简陋，与这个队部相比，条件差了一大截。张书记找来了几个年轻人，吩咐他们到仓库里拿了十八个草苫子，供我们搭地铺用。我们对他们的帮助表示十分感谢。村支书问我们，是否吃过晚饭。我们说我们随身都带着现成的饭，如果可能的话请给我们找个锅灶，以便热一下随身携带的干粮，并烧点水喝。张书记说这个好办，西头那两间房子本来就是一个伙房，里边做饭的器具一应俱全，不过这个伙房已经有好长时间没用了，需要收拾一下。于是，他从办公桌里拿出伙房的钥匙，领着我们到伙房看了看。我们说："很好，我们什么也不缺了。天不早了，请张书记回家休息吧。"我们送走了张书记后，立即按照原来的分组，做饭的做饭，搭地铺的搭地铺。经过个把小时，我们的地铺和饭都已经做好。我们吃过晚饭后立即上床休息。

第二天，我们又起了个早五更。起床后，我们七手八脚地开始撤地铺、打扫卫生，把桌椅板凳按照原来的位置摆放整齐。然后，写了一张感谢条，放在张书记的办公桌上。我们锁上门后悄悄地出发了。经过两天的长途跋涉之后，我们十八个人中，已经有两名女生开始掉队，她们脚上都起了泡，走起路来一瘸一拐地很是吃力。这时，我们的独轮车派上了用场。我们把车子上的行李重新摆放了一下，腾出两个位子供她们坐。车子上多了两个人，车子的负载也就上升到了四、五百斤，但是，我们三个轮流推车的人仍然吃得消。因此，我们的行军速度丝毫没有受到影响。一个小时后，我们来到了马骝山山根。我们发现，这座山虽然别名“小山”，但是，与我们已经爬过的“大山”相比，它不但显得秀丽，而且似乎比“大山”还要大很多。

马骝山南望齐鲁，东临渤海，北倚京津，距沧州大港（现在已划归天津）只有20公里。

小山有两处名胜比较著名，一为东汉帝王陵，二为刘阳墓。

1. 先说说东汉帝王陵。

刘鸿之子刘缵被封为质帝后，父以子贵，死后谥为孝王，

并拨重金筑此巨大陵寝。它气势恢宏，彰显帝王风度。“齐州山水窟，登眺有佳处。秋夜海东船，春荠鬲滩树。”这是南宋诗人陆游在此留下的不朽诗章。北宋时，其上又建玉皇庙（碧霞元君祠）。史载：正殿玉皇神居中，两侧分列雷公、闪将等六神塑像；后为泰山奶奶殿，内塑泰山奶奶、斑疹娘娘、眼光娘娘、子孙娘娘、窦二哥等七尊神像。当然，这些神像都是文革后重新塑造的，当时我们串联路过时什么也没有，只有几处房子和一些残垣断壁。

2. 再说说西汉刘阳墓。

此墓位于小山南端山脊，俗称团山子，为省级重点文物保护单位。刘阳，汉高祖刘邦嫡曾孙，齐孝王刘将闾之子。公元前125年，汉武帝刘彻实行推恩令封堂弟刘阳为康侯，食地置柳侯国（小山），死后葬于此。

大约用了个把小时的时间，我们游完了马骝山，然后，继续北上，直奔黄骅而去。从小山到黄骅，是能走汽车的国家级公路。路虽然好走了许多，但是我们的速度却渐渐地慢了下来。因为经过两天的跋涉，我们十八个人的脚上都起了泡，走起路来再也无法保持雄赳赳气昂昂的姿态，而是一个个都成了“铁拐李”。但是，我们仍然坚持一步一步地向前走。那时，中国公路上行驶的汽车很少，半天来不了一辆汽车，就是有汽车来我们也不能乘汽车，因为我们启程前曾经宣过誓，决心步行到北京。再说，我们也没有坐车的钱。正当我们艰难地步行在公路上的时候，忽然从我们身后驶来了一辆解放牌汽车。这辆汽车来到我们跟前立即停了下来。司机师傅摇下驾驶室的窗玻璃对我们说：“红卫兵小将们，你们是不是去北京看毛主席？你们步行太辛苦了，我的车要去天津，请你们赶快上车，我顺道把你们送到天津去。”我们听了他的提议之后都很感激。但是，当时我们十分坚决，我们一定要步行串连去北京，绝不能经不住考验而半途而废。因此，我们婉言谢绝了司机师傅。看到我们如此坚决，司机师傅只好向我们说了声“再见”，然后开着车朝黄骅方向驶去。自从我们上了宽敞的公路后，这种感人的场景发生了好多次。有许多北去的汽车司机师傅主动把车停下来，要把我们送到天津或北京。但是，我们都一一婉言谢绝了。第三天我们行程三十多公里，晚上，我们的宿营地是黄骅县城，黄骅第一中学接待了我们。这里的条件很好，学校食堂为我们提供了大米稀饭，还用我们自己带的玉米面为我们蒸了窝窝头。夜里，我们睡在一个教室里，课桌就是我们的床。

第四天，我们拖着疲惫不堪的身子走了一天，晚上来到了离天津只有五十公里左右的一个大村庄，名叫菜公庄。菜公庄是公社驻地。这里由于离天津比较近，所以城市气息比较浓。这里的房子都是砖瓦房，虽然没有楼房，但仍然显得很气派。街道宽敞、整齐、干净。这里的农民穿的也比较体面，看不到穿破衣烂衫的人。更令人高兴的是，这里竟然设有红卫兵接待站。我们径直走进了红卫兵接待站的院子。接待站的工作人员很热情，他们首先让我们作了登记，无非是从哪里来，到哪里去，一行几人等。登记完后，他们立即给我们安排了住处。我们的住处是菜公庄团委，房间里有现成的地铺，院子角落里还有临时支起来的锅灶。在这里，如果自己没有吃的还可以到接待站去借饭票。我们这些人，都比较实在，说我们自己带着干粮，不需要饭票。负责接待我们的工作人员，就把我们自己带的窝窝头放进锅里热了热，另外，还给我们准备了大米稀饭。大米稀饭是免费的，随便喝，能喝多少喝多少。我们老家不产大米，因此很少能喝到大米稀饭。于是，我们放开肚子喝了个够。这里还有专门烧水的锅炉，可以二十四小时不断地供应开水。我们脚上都起了泡，有的甚至起了重泡。我们都奢侈地用热水泡了脚，我们的痛苦就这样得到了暂时的缓解。这个夜晚我们美美地睡了个好觉，第二天起床的时候，已经是早上八点多钟。起床后，我们自发地找来了扫帚，不但把院子打扫得干干净净，而且还把周围的几条街道也打扫了一遍。打扫完卫生后，我们没有像往常那样先赶上一段路，然后再吃早饭。这次，我们先吃了早饭，因为这里的大米稀饭对我们这些很少吃到大米的学生来说实在是具有很大的诱惑力。吃完早饭后，我们告别接待我们的工作人员继续赶路。这一天，我们的目标是一定要赶到天津。从菜公庄到天津的公路更加宽敞，能并排跑四辆大汽车。路上的汽车也特别多，不但有各种载货的汽车，而且还有公共汽车。我们仍然坚持步行，我们决心一直走到北京。那天，我们到达天津市区的时候已经是晚上七点多钟。天津市的晚上与我们农村大不一样。这时的农村，天色已经是漆黑一片。但是天津市，到处灯火辉煌，照得大地如同白天一样。一进入市区，我们的眼睛就不够用的了。那高大的楼房，那川流不息的人群，那五颜六色的汽车，那万紫千红的霓虹灯……这一切的一切，简直让我们目不暇接。根据大路边上树立的一块高大的“天津市红卫兵接待站”指示牌，我们了解了天津市红卫兵接待站的分布情况。最让我们感兴趣的是“天津大学红卫兵接待站”。按照指示牌上的路线图，我们最后到达了天津大学红卫兵接待站。天津大学红卫兵接待站一天二十四小时都有人值班。在接待站办完登记后，我们十八个人被安排到了一个教室。教室里有用课桌组成的大通铺。我们把行李放在大通铺上后，连饭都顾不上吃，就三五成群地走出那栋楼房，在大学里面四处游荡。这里对我们实在是太有诱惑力了！我们农村的孩子都想上大学，但是，在这之前我们却从来没有见过大学。这次一走进天津大学，我们顿时感觉热血沸腾。天津大学实在是太大了，这里的大楼一片一片的，几乎是数不胜数；这里的街道也星罗棋布，比我们的县城还大好多倍。天津大学在我们的眼里就是一座现代化的大城市。那天晚上我们在天津大学里足足转悠了一个多小时，感觉只看了个九牛一毛。我们实在是累坏了，只好回到那个教室去休息。晚上我们连饭都没有吃，空着肚子就进入了梦乡。

第二天，接待站的工作人员给我们送来了一天的饭票。根据计划，他们准备晚上让我们坐火车去北京。我们听到这个消息后都很高兴，我们不再坚持一定要步行去北京。因为，我们既没有亲眼见过火车，更没有亲自乘坐过火车。这次能坐坐火车，那真是千载难逢的好机会，我们无论如何都不能放弃这个机会。

那天白天，我们在天津大学里看了一整天的大字报。这里的大字报多且水平高。我们对部分高水平的大字报进行了认真抄录。另外，我们把小推车寄存在了红卫兵接待站。说好从北京回来时再来取。吃过晚饭后，大约晚上八点钟，接待站的工作人员把我们组织起来，然后用学校里的大公共汽车把我们送进了天津西站。天津西站的人很多，多数都是来自全国各地的学生。我们排着长长的队伍慢慢地等着上火车。那时从天津发往北京的火车列列爆满，我们直到晚上九点才登上了火车。火车从天津开车的时间是晚上九点四十五分，经过两个多小时的奔驰，夜间十二点左右，我们到达了北京永定门车站。下了车，我们随着同车到达的其他各地的红卫兵走出了火车站。我们惊讶地发现，夜间车站广场上竟然停着十来辆专门接待红卫兵的大巴车。接待人员把我们安排到一辆标有“北京大郊亭化工厂”的大巴车上。汽车从永定门车站开车后，不大一会儿就来到了天安门广场。虽然我们都是第一次到北京，但是，我们对天安门广场并不陌生。我们曾经不止一次地在电影里看到过天安门及天安门广场，没想到我们现在真的来到了天安门广场。我们每个人的心里都十分激动，雄伟的天安门和宽阔的长安街给我们留下了永生难忘的记忆。北京的夜晚比天津的夜晚漂亮多了，长安大街两侧造型美观的路灯把长安大街照得如同白昼，长安街两旁的高楼大厦上的装饰灯五颜六色、变幻莫测，令人产生梦幻般的感觉。不知不觉中，汽车载着我们来到了一个很大的院落，原来这里就是大郊亭化工厂。我们十八个人被安排在一个很大的房间，估计这个房间是个会议室，临时改成了住宿的地方。房间用席子隔成了两部分，较大的隔段为男生宿舍，较小的隔段为女生宿舍。地上靠墙根处铺有席子，这就是我们睡觉的地方。我们到达大郊亭化工厂的时候已经接近凌晨一点了，到达后我们立即收拾铺盖睡觉。负责接待我们的工作人员说，考虑到晚上睡得太晚，第二天早晨可以多睡一会儿，起床时间定在了上午九点。

那天晚上，我躺在那里怎么也睡不着。这倒不是因为想家，而是初到北京太让我兴奋了。北京是中国的首都，是毛主席居住的地方。我们来到了毛主席的身边，能不心潮澎湃、万分激动吗？

第二天早晨不到九点，我们就起床了。收拾完卫生后，我们在厂子里转了转。这个化工厂可真大，比我们的县城还要大得多。厂子里的建筑物个个都那么气派，都是四五层高的大楼。高大的烟囱和露天安装的设备，高耸入云。有的设备还不时地冒着气，发出哧哧的响声。接近九点的时候，我们赶忙回到我们住宿的那个大房间。这时，负责接待我们的同志已经等候在那里。九点钟，接待我们的同志让我们集合，在他的带领下我们排着队去食堂吃早饭。化工厂的食堂也很大，里面有许多餐桌，可以同时容纳好几百人就餐。在接待人员的指导下，我们先来到食堂里放餐具的地方，每人拿了一个碗、一双筷子，然后排着队走到打饭的窗口。我们每人打了两个馒头、一碗稀饭和一小碟咸菜。打饭的人告诉我们，如果不够可以再来打。那个年代馒头对我们来说是奢侈品，我们只有过年的时候才能吃到馒头。现在既不过节又不过年，竟然能吃到馒头，那真是太令人高兴了！可能是因为馒头太好吃了，两个馒头一会就被我们狼吞虎咽地吃进了肚子。吃完后，我们纷纷又走到打饭的窗口，每人又要了两个馒头。那天早晨我们每人（不包括女生）一顿饭竟然吃了四个馒头！另外，每人还喝了一大碗稀饭！

吃完早饭后，我们又被带回到住宿的地方。负责接待我们的那个工作人员首先做了个自我介绍，他说他姓李，是化工厂的工人，临时被从车间抽出来参加接待红卫兵工作。他说，根据上级安排，我们还必须参加军训。负责军训的军人已经进驻化工厂，完成军训后，上级将安排我们到天安门广场接受毛主席的接见。我们听后都很高兴，看来我们这次真的就要见到毛主席了，我们是多么高兴、多么自豪啊！

当天下午，负责接待我们的那个李师傅陪同一个解放军战士来到了我们的宿舍。他向我们介绍说，这是吴班长，他将负责你们的军事训练。他提议，热烈欢迎吴班长担任我们的军事指导老师。我们立即以热烈的掌声表示欢迎。紧接着，吴班长做了简短的讲话。他说，能参加对毛主席的客人进行军事训练他感到很高兴，也很荣幸。他将不辜负军委领导的期望，坚决把这次军训的任务完成好。他还就军训的内容、时间及日程安排向我们做了说明。根据安排，我们军训的时间为一个月，每天上午军事训练，下午学习毛主席著作。上午从8点到12点是军事训练时间，下午学习时间是从1点到5点。礼拜天自由活动。训练将从第二天开始。他希望大家严格遵守作息时间，认真学习，认真训练，以优异的学习和训练成绩向毛主席献礼。

第二天上午8点，我们的军事训练正式开始。我们每人发了一杆用木头做成的假三八式枪。所谓军训，实际上是队列训练，天天是立正、稍息和齐步走，有时也练习卧倒和匍匐前进。训练首先从站立和走步的姿势开始，要求我们站立时要双手自然下垂，两手的中指贴着裤缝，并且抬头、挺胸、两眼直视前方。这些动作虽然看起来比较简单，但是真正做好也不是那么容易。训练这些动作整整花了一上午的时间。

学习毛主席著作于下午1点正式开始，吴班长同我们一起学习。我们的学习教材仅仅是一本《毛主席语录》。当时，我们红卫兵人手一本，无论干什么、到哪里去，《毛主席语录》必须随身带。我们把《毛主席语录》称作“红宝书”。吴班长首先就学习方法做了安排。他要求我们把下午四个小时的学习时间分成两个学习阶段，前两个小时是集体学习阶段，后两个小时为自学阶段。在集体学习阶段，他将带领大家逐字逐句地朗读毛主席语录。而自学阶段，每个人可以根据自己的具体情况，既可以自己默读，也可以记笔记，写学习体会或心得。作为学习阶段的开场白，他首先给大家介绍了他自己学习毛主席著作的体会。他的发言很精彩，我们都聚精会神地边听边记。对于他所讲的许多内容，至今我还记忆犹新。他说：

“我们的伟大领袖毛主席是当代最伟大的马克思列宁主义者。他天才地、创造性地、全面地继承、捍卫和发展了马克思列宁主义，把马克思列宁主义提高到一个崭新的阶段。毛泽东思想是在帝国主义走向全面崩溃、社会主义走向全世界胜利的时代的马克思列宁主义。毛泽东思想是反对帝国主义的强大的思想武器，是反对修正主义和教条主义的强大的思想武器。毛泽东思想是全党、全军和全国一切工作的指导方针。毛泽东思想是放之四海而皆准的理论。毛泽东思想对我们就像是粮食和空气。毛泽东思想要天天学，一天不学问题多，二天不学走下坡，三天不学没法活。我们时时刻刻都不能离开毛泽东思想。我们要活到老，学到老，用到老；我们要把毛泽东思想印在脑子里，溶化在血液中，落实在行动上。我们要立竿见影，急用先学。学习毛泽东思想的关键是学立场、学观点、学解决问题的方法。”

我们的军训直到 11 月 25 日才结束，整整持续了 23 天。经过 23 天的军训，我们的队列水平得到了很大的提高。我们能够像军人那样整齐地排着方队齐步走、向左转、向右转、向后转、齐步走等。

1966 年 11 月 26 日对我们来说是一个终生难忘的日

子。这一天，我们数以百万计的红卫兵在天安门广场受到了毛主席的接见。那天早晨4点钟，我们在吴班长的带领下，排着整齐的队伍，迈着整齐而坚实的步伐向天安门广场走去。经过大约两个多小时的行军，我们来到了向往已久的天安门广场。这时，天安门广场上已经人山人海，成了名副其实的人的海洋、红旗的海洋。我们刚一到天门广场，负责广场秩序的军人立即把我们带到特定的位置。他要求我们手挽着手，肩并着肩，席地而坐。这时的天安门广场热闹非凡，革命歌曲此起彼伏，口号声震耳欲聋。大家都怀着无比激动的心情等候着毛主席的接见。那天早晨，我们整整在天安门广场上坐了三个小时。虽然见毛主席是大喜事，但是，如此多的人集中在天安门广场，无法上厕所，滋味也不怎么好受。实在坚持不住了，只好几个人站起来围成个小圈圈就地解决。有的人实在坚持不住，不得不把小便洒在裤子里。大约9点钟，忽然坐在前面的人纷纷站了起来。原来，我们期待的时刻终于到来了！毛主席乘着敞篷吉普车忽然出现在了贯穿天安门广场的长安大街上。没想到这次接见，毛主席没有登上天安门城楼，而是站在敞篷吉普车上一闪而过。这种接见方式对位于靠近长安大街的红卫兵来说是件好事，因为他们可以近距离一观毛主席的尊容。但是，对于绝大多数距离长安大街比较远的人来说，那就成了天大的不幸。由于当时毛主席开始接见的时间和方式没有事先通知，加上维持秩序的军人没有维持好秩序，在毛主席乘车通过的那一刹那，坐在前面的人纷纷站起身来，致使坐在后面的人还不知道怎么回事的时候，毛主席的接见就闪电般地结束了。许多红卫兵无法接受这样的事实，他们纷纷要求负责安排这次接见的人对此负责，强烈要求重新安排接见。这种要求当然是不现实的。

毛主席第八次接见红卫兵之后，天安门城墙上立即出现了一张大字报，标题是“此罪归于谁?”笔者叙述了红卫兵跋山涉水，克服了种种困难，从祖国的四面八方，来到了北京，他们的目的就是要亲眼看到毛主席。但是，令人无法接受的是，由于众所周知的原因，这次接见绝大多数的红卫兵却连毛主席的影子都没看到！按照红卫兵的观点，这简直就是一种罪恶。这个滔天大罪应该归于谁？红卫兵强烈要求有关人员要给个说法。

虽然这次步行到北京，我们吃了不少苦，但是，我们仍然认为是值得的，我们认为收获很大。一是，我们参加了毛主席第八次接见红卫兵。我们十八个人中，由于接见时所处的位置距离天安门比较远，再加上我们这些来自偏僻农村的中学生比较守纪律，没有一个人真正亲眼看见到毛主席。当毛主席的敞篷吉普车早已从天安门前的长安大街过去时，我们还在眼巴巴地望着天安门城楼。我们一直认为毛主席这次还是在天安门城楼上接见我们。二是，我们这次像毛主席所说的，经了风雨也见了世面。在这次步行串联之前，我们多数只到过县城，到北京、天津这样的大城市我们连想都不敢想。这次，我们却是实实在在地到了北京和天津。三是，我们利用这次串联的机会，还游览了北京的故宫、北海公园、十三陵等地。特别是，我还在北京的王府井大街上平生第一次亲眼见到了外国人。那是 1966 年 11 月的一个上午，我们来到了王府井大街。王府井大街的人特别多，可以用“人山人海”来形容。当我低着头随着熙熙攘攘的人流由南往北慢慢移动的时候，一双穿着肉皮色高腰尼龙袜子的腿忽然闯进了我的眼帘。大冷的天怎么会有人穿着裙子在大街上闲逛？我不由地吃了一惊，于是，急忙抬起头朝那个穿裙子的人看去。只见那个人留着一头银白色秀发，前额下长着一双炯炯有神的蓝色大眼睛，眼睛下面是高高的鼻梁和抹着口红的嘴巴。她望着我一脸惊恐样子，禁不住微微一笑。她的笑是那样的慈祥而大方。啊，原来是外国人！这是我平生第一次看见活生生的外国人。

毛主席接见完后，红卫兵接待站的同志立即帮助我们办好了返回的火车票。我们于十一月二十八日返回了我们的学校。

经过第一阶段的步行串连之后，我对串连产生了浓厚的兴趣。祖国的大好河山像一块巨大的磁铁在吸引着我。因此，从北京回来之后，我紧接着开始筹划第二次串连。这次串连我们不再采取步行的方式，而是乘坐火车走遍祖国的大江南北。经过争求其他同学的意见，多数同学都嫌天气冷，他们都想等到来年春暖花开时再出去串连。最终愿意同我一起去串连的只有三个人。他们是蔺前德、时和云和王综合。这样，我们一行四人立即离开家乡进行第二次串连。我们筹划的第一站是青岛，然后从青岛去南京、上海、广州等地。这次，我们没有带大行李，每人只带了一个书包和一个水壶，另外，我们每人还带了五元钱，以应付急用。我们先步行到了滨县县城，因为滨县县城是距离我们的学校最近的县城，只有十二三公里，而到我们沾化县城则需要走二十五公里路，正好远一倍。到了滨县县城之后，我们坐上了一辆去张店的公共汽车，到了张店我们又转乘开往青岛的火车，当天晚上就到达了青岛。

我们在青岛火车站附近找到了青岛市红卫兵接待站。通过这个接待站，我们被介绍到了青岛政治学校。按照接待站告诉的地址，我们来到青岛政治学校。青岛政治学校位于青岛大港附近。从门口看上去，该学校好像是一个小单位，门口也很小。但是，进入门口一看，它却是一个深宅大院。进门后接着就要沿着石头台阶向下行，大约有两层楼深。院子里有一座四层高的楼房。这座楼从院子里看是四层，但从大门前的马路上看，它却只有两层楼高。另外，在院子的南侧还有一排平房，政治学校的红卫兵接待站办公室就设在平房里。我们在这里住了三天，吃饭住宿都免费。三天中，我们参观了青岛海洋大学，游览了栈桥和鲁迅公园。青岛的海滨很漂亮。

我们四个人都是第一次看到大海，因此，浩瀚的大海令我们震撼！当我们在青岛住了三天准备离开青岛去南京的时候，传来了一条不好的消息，说中共中央、国务院又发出《关于革命师生进行革命串连的问题的补充通知》，重申暂停乘坐交通工具进行串连。如果继续串连，各接待站不再给办理免费乘车证，只能步行串连。如果停止串连，就地返校，各红卫兵接待站可以一次性办理返回原籍的火车票。听到这个消息后，我们心里一下子凉了大半截。我们只好去接待站办理返回原籍沾化的乘车证。办理返程乘车证需要出示证明信。幸亏，我们出来时带了一本印有"沾化四中永卫东战斗队"公章的空白介绍信。于是我们拿出了一张，用钢笔填写了介绍信。然后，我们拿着介绍信到平房的红卫兵接待站办公室，要求办理返程乘车证。说来也很滑稽，当时在办公室里值班的只有一个小姑娘，年龄比我们大不了多少。她接过介绍信一看说，你们是治化黄开的。治化黄开是哪个省的？靠近哪个城市？我们听她这么一问立即来了个顺水推舟，我们说治化黄开属于江苏省，靠近南京。她不假思索地说，那好吧，我给你们办理去南京的返程票。于是，她随说随拿出了一本空白乘车证。她在上面填上一行"四人"和从"青岛"至"南京"，然后又填上年月日并加盖了接待站的公章。接待我们的小姑娘之所以把"沾化黄升"误读成"治化黄开"其中有两个原因，其一是因为我们的介绍信是手写的，写得又潦草了点，其二是小姑娘年龄小没有多少文化常识，因此而造成了这一笑话。这样，我们便意外地得到了去南京的乘车证。我们为如此轻而易举地得到了去南京的乘车证着实地偷笑了一阵子。我们凭着这张乘车证，立即从青岛前往南京。

从青岛去南京，虽然乘车证得来全不费功夫，但是，乘车却很不容易。我们所乘坐的那辆火车严重超员，定员乘坐一百零八个人的车厢足足挤了三百多人。座位上、座位的靠背上、行李架上都坐满了人，不但车厢里的过道上和座椅与座椅之间站满了人，就是座位底下和每节车厢的厕所里也都挤满了人。站在车厢里的人挤得就像加了楔子，一动也不能动。我试着飘起双脚，身子依然悬空地保持在原来的位置上。拥挤的程度让人喘气都感到困难。雪上加霜的是，那时的火车几乎没有正点可言，经常是走走停停，一旦晚点就是十来个小时。我们从青岛去南京本来正常只需要十七个小时，但是，我们却整整用了两天两夜的时间。如此长时间地乘坐在环境如此糟糕的车厢里简直就是遭罪！两天两夜，我们不能吃也不能喝，更糟糕的是大小便都必须憋着。实在憋不住，就只能就地解决在裤子里。因此，车厢里的气味达到了无法忍受的地步。我们就是乘着这样的火车，经过两个昼夜来到了南京。

出了南京火车站，我们立即去找红卫兵接待站。当时，各地火车站附近都有红卫兵接待站。像南京这样的大城市，更是如此。我们很容易地在火车站附近找到了南京市红卫兵接待站。经南京市红卫兵接待站安排，我们被介绍到南京女子中学。我们按照红卫兵接待站提供的路线图，乘公共汽车顺利地找到了南京市女子中学。该中学规模比较大，看上去既现代又气派。学校里的建筑物都是清一色的四、五层楼房。楼房与楼房之间间隔距离比较大，而且都种着花草树木，环境十分优雅。与我们的校园相比，简直是天壤之别。我们统统被安排在一个宽敞明亮的大教室里。教室里没有桌子和椅子，地上只铺着席子。虽然是寒冬腊月，但是教室里有暖气，很暖和。教室里同时安排了五六十个来南京串连的红卫兵。听口音，他们多数来自南方，来自长江以北的似乎只有我们四人。南方人与北方人相比，南方人思想明显地更开放。他们来自相同地方的女生，虽然被安排在了另外的女生房间住，但是，她们却不分早晚地来到我们男生住的教室。尽管有的男生已经脱衣睡觉，但这些女生根本不在乎。她们甚至与和她们一伙的男生开了扑克局，打到很晚还不走。我们四个来自北方的学生感觉很别扭，迟迟无法脱衣睡觉。我们只好找来了粉笔，在地上书写了“男生宿舍，晚上请女生不要入内”的大字。尽管如此，这些女生一点都不在乎。仍然每到晚上都来打扑克。我们在南京住了四天，去了南京大学，总统府、中山陵、明孝陵、天王府等地。在南京游玩了之后，我们还想去上海。但是，我们却搞不到从南京到上海的乘车证。正当我们犯难的时候，忽然有一个南方学生主动找到了我们。他说：“听口音你们是北方人，你们到底来自哪里？”我们说来自山东。他接着又说：“咱们商量个事好不好？”我们说：“什么事？”他说：“你们想不想继续乘车去南方串连啊？”我们说：“想是想，但是没有办法搞到去南方的乘车证。”他说：“那好办。只要咱们都办理返程的乘车证，然后把乘车证互相交换，我们不就可以各得其所了吗？”我们立即接受了他的建议，彼此立即分头去办返程乘车证。很快，我们各自办好了乘车证，但是，由于他们只有两个人，所以他们只办了限乘两人的乘车证。这样，我们只解决了两个人的乘车证，剩下的两人仍然无法继续南下。忽然，我们看到乘车证上的限乘2人的“2”字，上部的钩写得短了点，而下面的横杠又写得长了点。这样我们便立即有了办法。我们找支墨水颜色相同的笔，在2字上添了一竖就成了4。于是，我们就有了限乘4人的乘车证。我们凭着这张乘车证，顺利地上了开往上海的火车。美中不足的是，我们乘坐的车是个闷罐车，车厢里没有板凳，只能席地而坐。即使是这样的闷罐车，上面的人也很多。这列火车是列快车，从南京开车后，只三站就到达上海。中间停的第一站是镇江站，第二站是苏州站。没想到我们在闷罐车里出了个小插曲，由于这个小插曲，我们被迫从苏州下了车，没有一下子坐到上海。这个小插曲是这样的：由于我们北方人口重，吃不惯南京的饭菜。于是，我们在商店里买了一瓶酱油。在南京已经用了半瓶，还剩下半瓶，我们没舍得丢掉，因此顺便把半瓶酱油带到了闷罐车上。由于不慎，半瓶酱油洒在了闷罐车上，洒在地板上的酱油流到了坐在我们旁边的一个南方学生的屁股底下，他立即叫了起来。他大声说：“什么东西啊，把我的裤子弄湿了。”他这一咋呼不要紧，惊动了本车厢的押车人员。他立即亮起了手中的手电走了过来。他一看是些黑色的液体，立即绷紧了阶级斗争的弦。他怀疑这是阶级敌人搞的破坏活动，于是就十分认真地开始对地板上的酱油进行检查。他首先趴下闻了一阵子，然后又索性用手指沾了一下，放在舌尖上尝了尝。就在这时，蔺前德被押车员的这一连串动作给逗乐了，他禁不住笑出了声。他这一笑招来了麻烦。押车员立即盘问起他来。问他从哪里来？到哪里去？蔺前德只好开口说：“我们是红卫兵，要到上海去。”他这一说话就露了馅，押车员知道我们不像南方的学生，于是就让蔺前德出示乘车证。乘车证在我的书包里，我只好从书包里拿出乘车证递给了他。他接着就把我们的乘车证给没收了。他说：“现在中央文革小组已经下发了停止乘车串连的通知，你们顶风而上，仍然乘车串连，这是绝对不允许的。镇江站马上就要到了，你们必须在镇江站下车。”这突如其来的变故，让我们很害怕。但是，我们的主意已定，无论如何不能在镇江下车，除非他能把我们推下车去。不大一会儿功夫，列车到达了镇江车站。押车员立即打开车门，动员我们下车。我们则坐在那里一动也不动，坚持不肯下车。幸运的是那个押车员并没有动手拉我们。车停了一会儿就又开车了。押车员想让我们在镇江下车的主意没有得逞。这个押车员很能讲，他仍然不住地吓唬我们。他说，现在上海是工人掌权，车站上都是由工人管理，到了上海后，工人会把我们抓起来。他的恐吓起了作用，我们不由得担起心来。我们想，如果到了上海真被工人抓起来，那麻烦可就大了。说不定，他们还会把我们关起来，到那时我们再后悔就来不及了。于是，我们四个人一嘀咕，立即决定在苏州下车，免得到上海惹来更大的麻烦。大约 40 分钟后，列车到达了苏州车站。我们没等押车员说话就迅速地下了车。虽然这时我们的乘车证已经被那个押车员给没收了，但出站时我们并没有遇到什么麻烦。我们在苏州玩了一天，然后，晚上又自己花钱买了去上海的火车票。苏州离上海很近，我们每人只花了块把钱就乘车到达了上海。在上海，我们通过红卫兵接待站住进了上海机械学院。我们在上海住了六天，去了复旦大学和同济大学。除此之外，我们还游览了外滩、豫园、南京路等。在上海期间，我患上了重感冒，体温一度达到了 41 度。这时上海又传言流行脑膜炎，所以，我们已经无心继续南下串连，我们决定等我的感冒痊愈后立即返回山东。在上海机械学院医院的精心治疗下，我的感冒很快就好了。在上海我迫不得已地第一次打了青霉素。在这之前，我从来没有打过针。这可能也是我感冒好得如此之快的一个原因。我们于 1966 年 12 月 18 日从上海办理了返回山东的火车票。第二天，也就是 12 月 19 日，我们乘坐火车离开了上海。三天后，我们回到了沾化。

五、我的高中

1968年春天，济南三十中第一次成立高中班，我们部分同学接到学校的通知，被允许继续上高中。但是，由于家庭困难，我却无法继续读书。正在我求学无门的时候，我不能继续上学的事引起了一个人的重视。这个人就是我们学校军宣队队长——赵学魁指导员。

说起军宣队，恐怕要解释一下，没有经过“文化大革命”的人查字典也查不到解释，所谓军宣队：

就是“文化大革命”期间，遵照毛主席“三支”“两军”的指示，各个单位都派驻军代表，以帮助被派驻军宣队的单位学习贯彻毛主席指示，搞好本单位工作。全称是：中国人民解放军学习毛主席著作宣传队，简称：军宣队。

赵指导员听到我的情况后，立即设法找到了我。我向他诉说了我的困难，他对我的学习愿望表示了坚决支持，答应帮我解决继续上学的困难。很快，在指导员的帮助下，我的问题得到了圆满解决。学校对我实行特别照顾，只要求我把自己的基本口粮带到学校，然后学校再按照高中学生的生活标准，给我补助。另外，学校还给我提供最高助学金。这样，我上高中的愿望终于实现了！

当时，我每月的基本口粮只有20斤粮食，于是我背着20斤玉米来到了学校。首先需要在学校周围找一家磨坊把玉米加工成玉米面，然后才能交到学校食堂换取饭票。当时，学校附近只有一家磨坊，加工粮食的人比较多，需要排队。磨坊里的人说下午三点钟以后才能把我的粮食加工好。把粮食交给磨坊后我立即赶往学校去报道。学校把我安排到了高中二班。高中二班的学生有一半是我们初中同年级学生，其中有的还是我的初中同班同学。班主任老师，我也不陌生，是我们初中的英语老师王世忠。那天上午我只上了一节课就到了吃午饭的时刻。这时，我发现身上只有两毛钱，刚好够交20斤粮食加工费。身上也没有饭票，又不好意思向同学借，于是，我只好饿着肚子走出了学校。这时我忽然想起，初中学习期间我曾经跟随几个同学到附近的果园去过。其中一个同学还曾经在果园里打过工，拔一天草可以挣两元钱。于是，我就朝着那个果园走去，我希望能在果园里找到一份利用礼拜天拔草的工作。如果能找到，它将为我解决很大的燃眉之急。在路上，我的肚子被饿得咕噜咕噜地直响。当时是四月份，地理的麦子已经抽了穗，我顺手掐了一个麦穗，看看是否长了麦粒。但是，四月里的麦子虽然长了麦穗，但是并没有长麦粒。这令我这位饥肠辘辘的孩子十分失望！俗话说："天无绝人之路。"这时我在麦地里发现了一棵苦苦菜。对于这种菜，我太熟悉了。从1960年到1965年，由于粮食不够吃，我年年春天都要到野外去挖野菜充饥，苦苦菜就是其中的一种。发现济南也有这种野菜，这让我喜出望外。我立即蹲下身来，把那棵苦苦菜拔下来，抖了抖上面的尘土，然后立即把它放入口中。在去果园的路上，我一路专找麦子地走，在麦子地里找到了足以填饱自己肚子的许多苦苦菜。在我随挖随吃苦苦菜的过程中，我忽然想起了刘秀走南阳的故事和越王勾践卧薪尝胆的故事。

刘秀走南阳的故事说的是西汉年间，王莽登基，欲报斩腰之仇，逼死刘平帝，欲将刘邦后代满门剿斩，十二岁的刘秀落荒而逃，王莽派大刀苏显追杀刘秀，刘秀一路跋山涉水，日夜兼程。眼看就要被苏显的追兵追上的时候，刘秀只好躲进了附近的大片森林。苏显赶到后，首先命令军队把森林团团围住，然后派人到森林里搜寻。苏显把这片森林围困了七天七宿后才撤兵。刘秀在森林里藏在一座大坟墓的祭坛底下，饿了就拔祭坛周围的野菜充饥。他当时吃的野菜就是苦苦菜。据说，苦苦菜这个名字就是刘秀金口玉言封就的。苦苦菜原来并不叫苦苦菜，它味甘而不苦。但是，刘秀在森林里连续吃了六天，其味道一直是甜滋滋的，当吃到第七天的时候，刘秀手中拿着一棵苦苦菜，感觉自己小小年纪，被人追杀，实在是命太苦。所以随口说了声："好苦啊！"他的意思本来是说自己的命好苦。但是，由于话没有说全，苦苦菜误认为刘秀是说自己苦。按照迷信的说法，刘秀是真龙天子，说话金口玉言，说啥就是啥。于是，从此苦苦菜由甜变苦，随之也就有了苦苦菜这个名称。

越王勾践，卧薪尝胆。说的是中国的战国时期，吴国与越国交战。越王勾践在一次战争中被吴国打败，只得向吴国屈辱求和。在吴王的威逼之下，勾践被迫到吴国宫廷中服苦役，过着牛马不如的生活。勾践被释放回国以后，为了报仇雪耻，他睡觉躺在硬柴上，坐卧饮食都要尝一下苦胆，以不忘国家破亡的痛楚，激励自己的勇气和斗志，时时牢记灭吴雪耻。他任用范蠡、文种等人，改革内政，休养生息。后来勾践利用夫差北上争霸、国内空虚之机，一举灭了吴国。实现了报仇雪耻的目的。

我从这两个故事中受到启发，也要牢牢记住自己求学的艰辛。我要奋发图强，无论遇见多大困难，一定要把求学的路子走到底，走出名堂！

那天我在果园里没有找到拔草的工作，只好回到学校再想别的办法。

当时，我入校不久就被班主任指定为高中二班的班长。当时全国都在学习解放军，班不叫班而叫排，所以，我这个班长也就被称为排长。我的口粮，虽然每月只从家里拿二十斤粮食，但是学校按照国家关于高中学生的定量标准，每月再给我补助十三斤粮票。自己再交上两元钱左右，就可以把十三斤粮票换成十三斤饭票。于是。

我每月就有了四十三斤的口粮。

帮助我解决上学问题的赵指导员，在我入校不久就按照中央军委的统一部署，和其他单位的军宣队一样，从被派驻单位撤回了自己的部队。在他撤离的头一天晚上，他把我叫到了他的办公室。他一边洗着自己的衬衣一边说："振学，我告诉你一个消息，我们已经接到上级命令，明天我们就要从学校撤离。目前只有学校的领导班子成员知道这件事，学校里的广大教职员工都还不知道。对于这件事，今天晚上回去后你先不要往外传。我之所以告诉你这件事，这是因为，我们彼此虽然接触时间不长，但是我感觉我们之间已经建立起了深厚的友谊，我希望你毕业后哪里也不要去，一定要去当兵。部队是最锻炼人的地方，部队也最喜欢像你这样能吃苦耐劳、又好学上进的青年人。"指导员的话让我心里热乎乎的。我从心里感谢指导员，他不但帮助我上了高中，就连我毕业后的事，他都如此关心。他对我的关心超过了我的父母。

对于指导员的关心和帮助，我只能用好好学习、努力工作予以报答。因此，我在高中学习期间，不但努力学好各门功课，而且还在班级工作中大胆管理、认真负责。论学习，我的各门功课不但在班里名列前茅，就是在全年级也是数得着的。论班级工作，我们班夺得了许多先进荣誉。我们班不但是"四好班集体"，而且还夺得了"全校歌颂红太阳先进集体"。

我们班利用课余时间，自编自演了歌剧“一块银元”。该剧中的曲子都是我们班里的几位会简谱的同学自己谱写的。一块银元排出后，我们先后到部队、村庄进行慰问演出，深受部队官兵和村子里老百姓的欢迎，为此也得到了学校领导的好评。

六、勤工俭学

在三十中读了三年书，其中包括一年初中和两年高中。在读高中期间，除了每月从家里带二十斤粮食外还能领到四元的助学金，靠这点粮食和钱显然无法填饱肚子，我不得不靠砸石子来维持这段学习生活。

济南的腊山是个荒山，当时光秃秃的连棵树都没有。由于当地老百姓都靠山吃山，把个腊山“吃”得千疮百孔。山脚下到处都是石坑，砸石子就是在这样的石坑内进行。我虽然在农村干过许多农活，但是砸石子这种活之前我却从来没有干过。首先，我跑到现场去查看，一是看人家砸石子用的什么工具，二是看人家如何把一块块大石头砸成具有一定规格的石子。砸石子这个活当然不难学，我一看就会了。于是，我买来了砸石子的工具：一大一小两把锤子。大锤子有两公斤重，用来把较大的石块破成小块；小锤只有0.3公斤重，用来把较小的石块破成长、宽、厚都不超过2.2厘米的石子。平时，我把两把锤子用报纸包起来藏在宿舍内。一到周末，我就带上锤子到腊山山脚下去砸石子。砸石子虽然是个简单活，但是开始时也有些不得要领，效率没有别人高。人家一天能砸0.2方，而我却只能砸0.1方。这样干一天下来也会感到筋疲力尽，手也磨起了血泡。砸了几天后，我终于摸到了砸石子的窍门。要想提高工作效率，首先要在挑选石头上下工夫，要尽量挑选片状石块，这种石块容易砸；其次是，砸石子的锤把必须有一定的柔韧度，这种锤把砸起石子来有弹性，可以大大减轻手腕的疲劳度。掌握了这两条要领后，我砸石子的速度也就上来了，一天也能砸0.2方石子。这样，一个月有四个周末，每月可以砸一方多石子。当时一方石子可以卖五六块钱。每月有这五六元钱，我在校读书的生活费和其他零用费就足够了。我再也不需要为了吃饭问题发愁了。在两年的高中学习阶段，我共砸了三十多方石子，一共挣了接近二百块钱。通过砸石子，不但解决了我的生活问题，而且还用砸石子换来的钱买了一些自己喜欢的书籍，其中包括英国帕麦尔的《英语口语语法》、英文版的《鲁迅小说选》、英文版的《毛泽东选集》等。这时，我已经下定决心，在英语上狠下工夫。因为借助于自学我已经学完了“文革”前的初中全部数理化教材和高中的数学教材，其中包括立体几何、三角和高中代数，而且自学得很扎实。1967年，党中央要求复课闹革命，按照毛主席关于教材要改革，教育要革命的要求，各地教育部门都为中学编写了新教材。这些新教材突出了实用性，少了系统性，很难继续往深里学。而外语就不同了，无论怎么改也离不开背单词和学语法，因此我决心在英语上狠下工夫。

与砸石子有关联的还发生过一个小插曲，感到有必要说出来同大家分享。那是1970年春天，我刚刚卖石子挣了16块钱，准备用它来购买粮食，弥补口粮的不足。就在这个时候，高中三班的一个高姓同学找到我，他说他准备礼拜六爬火车去安徽宿县买粮食。据他说，宿县的粮价比济南的粮价便宜近一半，问我是否愿意与他搭伴前往。我对这个消息当然很感兴趣，便宜近一半的粮价对我实在是有诱惑力。如果宿县的粮价真的那么便宜，爬火车又不需要花钱买火车票，我身上的16元钱可以买一百多斤粮食，那就解决了我吃饭的大问题。因此，我毫不犹豫地答应与他一起去。

到了礼拜六下午，我把全部作业都完成后就同高姓同学一起动身去宿县。他领着我来到了位于济南西郊的阎千户货场。他说从货场上找个开往南京的火车爬上去就可以去宿县，他不久前曾经去过一次，对此他十分有把握。我是第一次到阎千户货场，我为阎千户货场的规模之大感到震撼。货场上密密麻麻地布满了铁轨，铁轨上停着许多火车车厢，多数都是货车厢，也有少量的客车厢。我们在那里足足等了一个多小时也未能爬上火车。就在我们两个在那里等车的功夫，忽然从远处走来了一个人。这个人看上去有四十多岁，身体很强壮。当走到我们面前的时候他主动向我们打招呼，问我们是不是准备去宿县买粮食。我们回答说是。那人说:“我也是去宿县买粮食,那咱们就一块去吧。”能有大人做伴去宿县我们当然很高兴。因为大人经验多,与大人一起去买粮食更有安全感。于是我们三人一拍即合,立即结成了伙伴。我们又等了个把小时,仍然没有等来合适的火车。这时我有点儿灰心,于是我问那位中年人:“叔叔,我们今天还能爬上去宿县的火车吗?”“没问题。再等一会就有去宿县的火车了。”那个中年人肯定地回答。这时,天色已经到了吃晚饭的时候,我感觉肚子多少有点儿饿。于是,我让他们两个人在那里等火车,我自己一个人去附近买饭。在不远的地方我找到了一个包子铺,于是就买了一斤半包子返回到我们等车的地方。我说:“我买了一斤半包子,应该够我们三人吃一顿,就算我请客。”他们两人谁也没有客气,马上同我一起大口大口地吃了起来。大约二十分钟的样子,一斤半包子就被吃光了。吃完包子后不久,一列载货列车呼啸着由东北方向开进了货场,每节车厢上都印着“宿县”字样。在那个壮年人的带领下,我们不顾一切地往上爬,因为列车在货场内的行驶速度比较慢,我们三个人都顺利地爬上了同一节车厢。

一个小时后,我们来到了泰安车站。列车在泰安车站停了下来,并且停了好大一会儿,仍然没有开车的迹象。我们不知道这列火车将在泰安站到底停留多长时间。这时,高姓同学发现车站的南侧有一个自来水管,于是就想下去喝水。可能是因为我买的包子太咸,所以这时我也感觉有些口渴，因此就同高姓同学一起从火车上爬下来，直奔那个自来水管去喝水。就在我们两个人在那里喝水的工夫，同方向又开来了一列货车，把我们两人同我们乘坐的那列火车隔离了起来，使我们无法及时地回到我们乘坐的那列火车上。就在这个节骨眼上，我们发现我们乘坐的列车已经缓缓开动。等把我们隔开的那列火车开走后，我们乘坐的那列火车已经开出了泰安站。糟糕的是，我们两人装着粮食袋子和钱的布书包都留在了车上让那位中年人看管。车开走了，我们的钱和包也全被那位中年男人带走了。我们不顾一切地一边拼命追赶那列火车一边高声喊叫着那位叔叔，希望他把我们的书包丢下来，但是，那人却从从容容地把我们两个人的全部家当都给带走了！这时，我们后悔极了，早知如此我们渴死也不会下来喝水。正在我们万分焦急的时候，从济南方向开来了一辆客车。我们决定爬客车去追那列火车，我们幻想着，说不定那位大叔到了宿县后会在车站上等着我们呢！爬客车可没有爬货车那么容易，因为每节车厢都有列车员查票，没有票，列车员说什么也不让上。我们两个人向列车员苦苦哀求，说明我们的遭遇，希望得到他们的同情。但是，我们的遭遇丝毫没有打动列车员。一会儿，那列客车就从泰安站开动了。当那列客车的尾部从我们身边掠过的时候，我们发现位于尾部的那个守车比较好爬，此时的车速也不怎么快，因此，我们两个人立即从站台上跳到铁道上玩命地追上了那节守车。不管三七二十一，我们抓住守车后面的栏杆就往上爬。守车员发现我们后立即过来制止，他一边朝我们吐口水，一边用脚登我们握住栏杆的手。我们稚嫩的手很不争气，没能抗得住他的脚，只好松开了紧紧握住的栏杆。

那时候，中国的火车还没有现在这么多，车速也远没有现在这么快。我们在泰安站上等了一个多小时也没有等来能够爬上去的火车。这时，天已经完全黑了下来。就在我们两个人束手无策的时候，我们忽然发现从济南方向开来了一个火车头。这个火车头到达泰安站之后也停了下来。从火车头上下来两个师傅，他们手里各拿一把小铁锤，围着火车头转来转去，不时地用小锤敲敲这里，打打那里。他们是在检查车头有没有故障隐患。我们决定去求这两位师傅帮忙。我们边喊着“叔叔”，边走向前去，把我们的遭遇一五一十地告诉了他们，请求他们允许我们乘坐他们的火车头去宿县。听了我们的叙述后，其中一位叔叔说：“我们想帮你们也帮不上忙，你看看，车头上只能容纳两个人，再多一位也没有地方。”我们看了看，发现车头上的操作空间确实很小，只有很窄的一个走道，供火车司机往机车燃烧室里填煤用，确实无法容纳闲人在那里停留。于是，我们指了指火车头的顶部说：“我们坐在火车头的顶部行不行啊?”那位司机师傅停了停说：“你们可以上去看看，车头顶部能不能坐人你们一看就知道了。”于是，我赶忙通过车头侧面的爬梯爬上了车头。我们发现车头顶部空间比较大，除了前半部有一个粗大的烟囱外，别的什么也没有。而且，车顶周围还有大约三十公分高的铁栏杆，抓住栏杆坐在上面应该没有什么危险。于是，我们对两位叔叔说："上面可以坐人。周围有栏杆，挺安全的。"两位叔叔听了后说："那好吧，如果你们认为行你们就座吧，不过要注意安全。"我们连忙说了声"谢谢叔叔"！

当火车头一开车的时候，只听咕咚一声，从烟囱里冒出了一股浓浓的黑烟，烟里面的灰尘就像下雨一样落了下来。我们两人立即变成了"黑人"。厚厚的灰尘把我们从头到脚盖满了全身！好歹火车头启动后，灰尘越来越少了，随着车速的加快，有些灰尘被迅速地抛到了车头的大后方，因此，落在我们身上的灰尘也就越来越少了。随着夜色越来越深和车头越跑越快，刺骨的寒风不停地向我们袭来，我们两人只好紧紧地拥在一起，靠单薄的身体抵御肆虐的寒风。火车头不时地走走停停，我们几乎在火车头上坐了一整夜，第二天早晨四点多我们才到达了宿县火车站。从火车头上下来后，我们首先向两位叔叔表示感谢。我们对两位叔叔的感激之情几乎无法用语言表达，我们多么想好好地报答他们一番啊！可惜当时我们身上分文无有，只能含着热泪谢别了两位好心的叔叔。出了宿县火车站后，我们首先找了个有自来水的地方洗了洗脸。由于这种灰尘富有油性，我们又没有肥皂，所以怎么洗也洗不掉。洗后的脸面乌黑瓦亮，我们双双倒真像是来自非洲的黑人。

洗完脸之后，我们马上开始在车站周围寻找那位中年人，结果找遍了车站的旮旮旯旯也没有找到他。剩下最后的希望，就是到卖粮食的集市上去找。我们四处向当地人打听离车站比较近的集市。在当地人的指引下，我们早晨一大早就来到了一个比较大的农村自由市场。由于时间比较早，当时集上还没有上人，我们只好找地方坐下来休息一下再说。这时，我们的肚子已经咕噜咕噜地响个不停，我们是多么需要买点东西填填肚子啊！但是，由于此时我们两人身上都没有钱，再饿我们也只能忍着。休息了好长时间后，集上的人才渐渐多起来。我们赶忙边打听边向集上的粮食市走去。这个集市上的粮食市的确很大，此时已经有几十家卖粮食的摊主在那里忙着摆摊。出售的品种也比较全，有玉米、麦子、小米、大米、地瓜干和豆子。我们在粮食市上转悠了一天，最终也没有见到那个中年人。我靠辛辛苦苦地砸石子挣来的吃饭钱就这样被那位中年人拿走了！这时，我们两个人对那位缺德的中年人十分憎恨！憎恨他太缺德，竟然连我们两位穷学生都坑！当天下午，我们无奈地拖着饥饿而疲惫的身子回到了宿县火车站。在那里我们发现了一列车头朝济南方向的油罐车正停在火车站内。每节油罐车的两端都有大约四十公分宽的踏板，完全可以站立两个人。于是，我们悄悄地爬上了油罐车。开车后，夜间站在油罐车上十分寒冷。特别是，我们已经连续一昼夜没有吃东西了，因此，感觉比头天晚上坐在那个火车头上还要冷。经过数小时的行驶，我们回到了泰安站。

再往前，列车开始在山坡上行驶，这时的天特别黑，周围漆黑一团。在这样的背景下，火车轮子与铁轨之间由于相互摩擦而产生的火星沿着轮子前后两侧的切线向上散射，此情此景使我心里不由地产生阵阵惧怕。我想，这时哪怕是打一下瞌睡就有可能从火车上摔下去，那样我们就会被碾得粉身碎骨！想到这里，我握栏杆的双手不由地握得越来越紧。

大约又过了一个小时，我们终于回到了济南。下了火车后，我们感觉困饿交加、筋疲力尽，我们强打精神走出了阎千户货场。货场外面不远处就是一片土豆地。我们走进土豆地，朝着段店方向走去。走着走着，我们两个人被土豆棵绊了一跤，然后就躺在土豆地里睡着了。当我们醒来的时候，太阳已经高高地升起在天空。我们竟然在土豆地里一觉睡到了上午十点多！

七、死里逃生

由于我小时候生活过的村子紧挨着一条河，所以，近水楼台先得月，我七岁时就学会了游泳。八岁时，我就能顺流而下，一下子游到四公里之外的黄升店，然后，光着小屁股，沿着河边再跑回来。特别是刮大风的时候，河里的水汹涌澎湃，一浪接着一浪，一浪高过一浪。在水中顺流而下，随着波浪上下起伏，会有一种坐轿的感觉，那种感觉真是太刺激了！

十来岁的时候，我的水性已经达到了比较高的水平。我可以把两只手倒剪在背后，两只脚也相互缠绕在一起，在水中游泳。用正常姿势游泳，我可以连续不断地一次游七八个小时。因此，我对自己的水性很自信。没想到，我的这种自信竟然险些让我丢掉了性命。

那是 1968 年 7 月 16 日，济南市为了纪念毛主席畅游长江两周年，在济南洛口隆重举行横渡黄河活动。当时我正在济南三十中读书，学校没有组织师生报名参加这次活动。当我得到了这个消息后，倒是很想参加。第二天上午，我和同级不同班的好友两个人骑着一辆自行车向黄河奔去。当时，为了举办这次活动，济南市区的黄河两岸都早早地戒了严。没有组委会统一发放的通行证，就无法去往集合地点洛口参加横渡黄河的活动。我们只好赶往济南市的吴家堡，决定从吴家堡游泳去洛口。到了吴家堡黄河边上一看，黄河河面很宽，河水流速也很大。黄河水气势汹汹地拧着无数的漩涡向洛口方向滚滚流去。好友一见黄河水势如此险恶，立即决定放弃这次游泳活动。而我面对这样的水势却异常兴奋，于是毫不犹豫地准备下水一游。我们约好到洛口渡口见面，于是，我把衣服和鞋子脱去并交给了我的好友，然后一个猛子跳进了黄河。我的好友也立即带着我的衣服沿着黄河大坝骑自行车朝洛口方向驶去。我跳入黄河后，虽然感觉水势凶猛且流速很快，但丝毫也没有危险的感觉，我不慌不忙地朝着洛口方向游去。由于水流速度太快，我在水中顺流而下的速度超过了每小时二十公里。尽管黄河大坝顶部的路况与当时的国家一级公路没有什么两样，我的好友在大坝上骑着自行车也是玩命地猛蹬，但是，他仍然无法与我同速前进，不大一会儿，我就远远地把他抛到了后面。在水中，我如鱼得水，一会儿面朝水面卧游，一会儿面对蓝天仰游，一会儿又采取左右双侧交替侧游，不知不觉间，洛口渡口已经进入了我的眼帘。就在我自由自在地继续向前游动的时候，我忽然发现洛口渡口处有两艘大摆渡船挡住了我游过洛口渡口的去路。

两艘船大小相同但作用不同，一艘被固定在黄河岸边当做人与车辆上下船的跳板，另一艘则是摆渡船。这时的摆渡船被用绳索与跳板船连成一体，上面已经上满了汽车、马车，地派车、手推独轮车和人，正准备拔锚起航。摆渡船很大，载货面积少说也有三百多平方米，一次可以摆渡一二十辆解放牌货车，另外，还能容纳许多马车、地排车、独轮车、自行车和数百号人。当船上的人远远地发现我被湍急的河水冲向摆渡船时，他们都惊叫了起来。船上的人纷纷集中在摆渡船的西端，惊恐地望着我。这时，我也发现情况不妙，有撞在摆渡船上的危险，于是，我赶紧用尽全身的力量朝岸边游。但是，由于洛口渡口位于黄河的拐弯处，水深流急，在流体力学关于“水流速度越快则压强越大”的原理的作用下，我无论如何也无法在短时间之内脱离我所处于的激流区，只能随着激流撞向位于激流通道上的摆渡船。当时，我心里明白，如果以如此高的速度撞在船上，势必被撞个骨断筋折、性命难保。就在这万分紧急的关头，我先是露出半截身子挥手向船上的人求救，希望他们放下一条缆绳，以便让我抓住。但是，船上的人都已经慌了手脚，没能明白我的意图。说时迟那时快，转眼间，我已经来到了离船二三米的地方，这时，我别无选择，只好急忙潜入水中。我没命地垂直向下潜游，因为船实在是太大，淹没在水中的船体也有二三米深，何况船底下还有螺旋桨。如果不尽可能地往深处潜游，撞在螺旋桨上就会被搅成肉酱！因此我只好没命地往深处潜游。当我实在憋不住气的情况下，我只好快速返回水面。当我从水中露出头来的时候，我发现自己已经远离那艘摆渡船达三四十米。这时，我看见船上的人都从船的西端跑到了东端，一个个的正眼巴巴地注视着船东方向的水面。当我从水中钻出来的时候，他们都高兴地惊叫了起来，他们立即向我招手、向我致意，这时，我那颗悬着的心才放了下来。老天保佑，我终于逃过了这一大劫！这时，我感觉自己浑身无力，赶忙朝黄河岸边游去。当我游到黄河岸边的时候，我发现我的好友也骑着自行车飞速追了上来。他发现我安然无恙后，高兴地把自行车停在了大坝上，连忙迎着我快速走来。他来到我跟前急切地问："你感觉怎么样？没伤着吧？"我回答说："没伤着，就是虚惊了一场。"在好友的搀扶下，我走上了黄河大坝。

由于黄河水含泥沙量很大，我的身上附着了一层泥沙，当务之急是赶快找个有清水的地方洗一洗。我们发现黄河大坝南面不远的地方有一户人家，于是，好友推着自行车和我一起朝那户人家走去。到了门口，我们发现院子里有一个压水井，井旁有一位中年妇女正在洗衣裳。我们喊了声"大婶"，并说明来意。那个大婶很热情，立即给我们拿来了洗脸盆、毛巾和肥皂。好友帮我从压水井里打水，并帮我洗了起来。我身上的泥沙被冲洗干净后，我们谢别了那位大婶返回了学校。这次经历成了我终生难以忘怀的一次冒险。

亲爱的读者，你们不要学我这么冒险！在人生道路上，要勇敢，但更要机智，要量力而行，要首先注意安全。只有这样，才能走得更远。

八、我在兵营

1970 年年底，我高中毕业。那个年代，高中毕业生不能直接考大学。当时，全国各大专院校已经连续五年停止招生。因此，对于每个学生来说，高中毕业就意味着上学上到了头，不是回家当农民就是在家待业，极少部分可以去当兵。按照政策，农村的学生从哪里来到哪里去，只能回家务农。极个别的农村学生也可能有机会去当兵。我们这批高中生还算是幸运的，虽然不能考大学，但是却赶上了工厂招工。只要是出身和体检没有问题，不管是来自农村还是城市，基本上都可以进工厂当工人。我虽然是来自农村，但是摆在我面前却有两种选择：一是进工厂当工人，二是应征入伍。虽然当时根据我的个人情况应该选择当工人，但是，由于那个时代的学生思想比较激进，我们所受的政治教育是党和人民的利益高于一切，个人利益要无条件地服从党和人民的利益，因此，我毅然决然地选择了当兵。那一年到我们学校征兵的部队有两个，一个是铁道兵，另一个是海军航空兵。当铁道兵要到遥远的四川，而当海军航空兵则可以到本省的沿海城市青岛。我当时的理想是去青岛当海军航空兵，因为我从七岁就学会了游泳，早在上初中的时候，我就可以连续游五六小时，而且喜欢在大风大浪中游泳。随着一个接一个的大浪，游泳就像是坐轿，那种感觉舒服极了。当时，我的班主任老师和教导主任都主动找到带兵的领导介绍了我的情况，海军航空兵带兵的营长也已经找我谈了话，他答应一定把我带走。但结果，宣布带我走的却不是海军航空兵，而是铁道兵。后来我才知道，为了挑选新兵，海军航空兵和铁道兵带兵的首长之间发生了争执。海军航空兵带兵的首长说，他们是特殊兵种，有权利首先挑选。而铁道兵带兵的首长也不示弱，声称自己也是特种兵，而且还是师直机关，也有权优先选择新兵。最后，在当地武装部门的协调下，只好采取抓阄的办法解决问题。武装部门按照新兵的居住地分成两个区域，抓阄抓到哪个区域就带哪个区域的新兵。遗憾的是，我所在的区域被铁道兵抓到了，所以我就成了一名铁道兵。

入伍的时候，我的思想很单纯，上进心也很强，暗暗下定决心要当一名雷锋、王杰那样的好战士。新兵训练结束后，我被分配到铁八师通信工程连。当时我想，自己是高中毕业生，大小也算得上是个“小知识分子”，很需要到最艰苦的岗位上去锻炼和改造。于是，我主动向连队首长写了申请书，积极要求当一名炊事兵。连首长答应了我的要求，我如愿以偿地被派到了炊事班，当上了炊事兵。

在炊事班期间，我努力学习炊事技术，做到了干一行、爱一行。很快，我学会了切菜、炒菜、包包子、炸油条、做米饭等炊事技术，成为了一名合格的炊事兵。当时部队里提倡节煤改灶，于是，我对连队里的炉灶进行了研究，并利用晚上的时间，对灶膛进行改造。经过反复改进，终于取得了良好的节煤效果。改造前，我们连队每天大约要烧二百多斤煤，改造后，烧煤量降到了70斤左右。

在当炊事兵的岁月里，在做好本职工作的同时，我仍然没有放松英语学习。首先，在“天天读”时间里，我坚持读英文版的毛主席著作，并且天天坚持用英语写日记，或谈学习体会，或记录趣闻乐事。实在没事可写，就从《解放军报》上挑一段自己认为有意义的文字翻译成英文，写进日记本子里。烧火的时间，每次往炉内加煤的空间我都不肯放过，统统用在了英语学习上。

能用于英语学习的最好时间是每天熄灯号吹过之后，待同宿舍的战友入睡了，我悄悄地从床上爬起来，到自己预先选好的地方去学习。有时，早晨起床号吹响之前，战友们仍然处于熟睡之中，我便悄悄地提前起床，去预先选好的地方去学习英语。功夫不负有心人。在这个阶段，由于个人的努力，我的英语水平提高很快，词汇量增加了不少，用英语写作的水平也提高了很多。

入伍后，我们住在四川省宣汉县城里的宣汉中学。在巍峨连绵的大巴山南麓，在蜿蜒秀丽的州河之滨，坐落着一所古色古香的中学，这就是四川省宣汉中学。宣汉中学有四百多年的历史，早在明朝万历元年即公元1573年，这所学府就以“来鹿书亭”之名横空出世。到了清朝道光年间，来鹿书亭被改名为“来鹿书院”。自民国5年即公元1916年，来鹿书院被改名为“宣汉县中学堂”。新中国成立后，宣汉县中学堂于1958年正式改名为宣汉中学。直到改革开放之前，它依然保留其古色古香的历史原貌。它由中国特色的木结构楼房构成，布局独具匠心，错落有致，花草树木拥翠叠秀，在中国大西南地区堪称一花独秀。我们入住宣汉中学时，“文化大革命”仍然在进行中。当时的宣汉中学，还没有复课闹革命，学校里空荡荡的，几乎见不到学生，只有为数不多的教职工和县宣传队的几名队员在校内居住。即便是我们通信工程连的连部和三个整建制的排都驻扎在校内，学校仍然有许多空房子，多数都是教室。这为我学习英语创造了良好的条件。我暗暗找到了一个学习的好地方。它位于一座三层教学楼的顶层，里面有现成的书桌和板凳，但是，门窗上的玻璃已经在“文革”武斗中被打碎，房顶上的电灯也早被拽走，只剩下一根灯线孤独地悬在空中。我找了个灯口、灯泡和一小段电线，借助于用桌子和板凳搭成的高台，把灯口连接在从房顶垂下的那段电线上。我拧上灯泡，一拽开关，灯泡一下子就亮了。

这时，我的心也似乎随之亮了起来。我终于找到了一个理想的学习英语的好地方！为了防止别人再把灯拽走，我只好平时把灯具拆下来，什么时候需要，什么时候再把它重新接上。平时，我就把灯口按照原来的样子拆下来，找了张旧报纸把灯泡、灯口和那一小段线包起来，然后把它拿回到自己的宿舍。从此之后，我每天早晨四点钟左右就起床，然后带着英语书和备用灯具，悄悄地来到教室，摸着黑将灯具接好。摸黑徒手接、拆灯具是十分危险的，一不小心触了电就会有生命危险。幸亏在学校复课闹革命期间，我曾经学过电工基础知识，这时派上了用场。为了不被人发现，我还找了一块牛毛毡纸，把它卷成一个筒状，然后，把它套在灯口上，这样，灯光就只能从纸筒下端照射在灯下的书本上，即便是在夜间，从外面往里看也很难发现教室里的灯光。就是在这一束微弱的灯光下，通过一年多的刻苦自学，我终于比较系统地学完了北京外国语学院英语专业的教材，基本上突破了英语基础关。

那个时代，青年人学习文化知识往往遭到非议。在沾化读书期间，由于自己用功学习数理化，造反派的学生就背地里说我是走“白专”道路。转学到济南三十中后，由于当时毛主席号召学生“复课闹革命”，我的学习环境有了很大的改善，刻苦学习文化知识，不再被非议。由于自己通过自学打下了良好的文化基础，转到济南三十中后，在学习成绩方面我成了学校的佼佼者。因此，不久，我就成了六级二班的副排长（那时，学校盛行解放军编制，班长不叫班长，叫排长），后来我又被选为排长。升入高中后，我一直是班里的排长。入伍后情况就不一样了。尽管我努力工作，而且在工作中做出了突出的成绩，但是我在坚持自学英语方面却面临着巨大的压力。由于老乡观念和地方主义作祟，山东兵与四川兵之间形成了很大的隔阂。在这种情况下，我的学习被说成是入伍动机不端正，其理由是：当兵后仍然坚持自学外语，这说明不想在部队上当一辈子兵、抗一辈子枪，这就是入伍动机不端正的表现。对于这种推论我无论如何也不能接受。我想：无论在中国历史上的什么朝代，青年人好学上进都是受到鼓励的。而我们这些生长在伟大的毛泽东时代的青年，好学上进为什么不但得不到鼓励，反而成了错误呢？对于这个问题我曾经百思不得其解。为此我困惑过、苦恼过，但是，最终我还是认为自己刻苦学习没有错，我要横下一条心坚持走下去。学英语这是我以实际行动批判读书无用论，我在学习英语方面取得的成果来之不易，无论如何我也不能轻易地把它丢掉！

没曾想我的坚持直接引起了我与连长的一次冲突。这次冲突有点令人匪夷所思，其导火索仅仅是我的一封信。这封信是我写给四川宣汉中学的徐世群老师的。徐世群老师毕业于四川大学外语系，是宣汉中学英文水平最高的年轻教师，当时也就是三十多岁。他朝气蓬勃，天天早晨起来坚持锻炼练。而我当时是连队的炊事兵，每当轮到我起早做早饭时，我都利用做饭的点滴时间在炉灶旁学习英语。我的学习引起了徐老师的注意。经过交往，我们从相识到相知，很快彼此成了朋友。我把徐老师当成自己的良师益友，每当我在学习中遇到问题，我都会去请教他。他也很乐意帮助我，并把他自己心爱的一本英语语法书赠给了我，我一直把它视为宝贝，至今珍藏在身边。徐老师的夫人是宣汉中学的校医，她是一位贤妻良母型的女性，相夫教子的角色做得很出色，而且也很擅长做饭。她最为拿手的是醪糟饭。这是一种营养丰富的药膳食品，主要原料是糯米、冰糖和鸡蛋，制作工艺十分复杂。我第一次吃醪糟就是在他家吃的。我记得那是 1972 年元宵节，徐老师把我叫到他家去做客，那天他们就用醪糟招待了我。在他家做客期间，徐老师告诉了我一件值得庆祝的事情，那就是他已经被四川省援外办公室选中，不久就要担任四川省援非工作队的翻译去坦桑尼亚参加坦－赞铁路建设。当时，中国还处在“文化大革命”期间，出国的机会很少，徐老师能有这样的机会，那是天大的一件喜事，我对他既佩服又羡慕。

没有多久，我们连队就从宣汉搬走了，先去了南坝，然后又从南坝搬到了万源。到了万源后不久，我给徐老师写了一封信，借以叙述我对他的思念之情。因为是给一位英语老师写的信，所以我这封信是用英语写的。那时候，由于我们住在大巴山的深山之中，交通和通信都十分不便，寄信无法自己完成，而是需要把信交给连队的通信员，通过通信员才能送往万源县邮电局。一般情况，通信员每星期去一次县城。我把信封好并贴上邮票后交给通信员杜中华同志。

第二天上午，忽然连长派杜中华到炊事班找我，让我到连部去一趟。于是，我就去了连部。我一进连部办公室，连长拿起我写的那封信凶神恶煞般地问："你这是给谁写的信啊?!"这时，我才发现我的信已经被人拆开了，这让我感到很气愤。我愤怒地问："这是谁把我的信拆开了?"连长说："是我拆开的!"

我说："你凭什么擅自拆我的信啊?"

连长说："你为什么用英语写信？人家周总理懂好几门外语，接见外宾的时候，一直都是说中国话。你小子学了一点外语就不知道天高地厚，写信不用中文用外文。你这是一种卖国行为!"他的这番话让我感到忍无可忍。我针锋相对地反驳说："你这是混蛋逻辑！我们中国的中学有外语课，大学有外语系，而且还有许许多多的外语学院，部队也有外语学院。按照你这种逻辑，难道说我们国家是在培养卖国贼?"我如此进行反驳之后，仍然感到气愤难消，于是继续说："你作为连长应该知道，中华人民共和国的公民，人人都有通信的自由，私拆别人的信是违法的。你今天私拆我的信是一种违法行为，我抗议!"作为一名当兵还不到两年的新兵竟敢如此地顶撞连长，这出乎了他的预料，因此，他被气得满脸通红，嘴唇打着哆嗦，再也说不出话来了。我说完后，再也不愿意与其理论，拿着自己的那封信回到了炊事班。那封信最终没能寄出去。这次与连长的争吵，给我在部队工作埋下了祸根。军人讲的是“下级服从上级”，您想想，顶撞上司会有什么结果！从此之后，我与徐老师之间就失去了联系。直到二十多年之后的1994年，我才偶然又与徐老师取得了联系。这时候，徐老师已经成为四川省的常务副省长了。我之所以在这里用“偶然”二字，是因为这次与徐老师重新取得联系实属偶然。当时，我正在山东省长清县挂职副县长。有一天晚上，我正在办公室里看电视，无意中竟然收看到了四川电视台的节目。电视上正在播放四川省新闻，有一条新闻引起了我的注意。这则新闻大体意思是说：四川省教育委员会在某地召开大会，四川省常务副省长徐世群同志到会发表重要讲话。我听到徐世群三个字之后，心里立即为之一震：徐世群？他是不是我在部队上认识的那位在宣汉中学教英语的徐世群老师啊？于是，我一直把那则新闻看完，并且发现在主席台正中席位上就座的那位领导真的十分像我的徐老师。我立即给四川省政府值班室打去了电话，询问四川省的徐世群副省长是不是曾经在宣汉中学教过英语。值班的同志说，徐世群省长确实曾经当过老师，而且英语很好，还曾经出国当过翻译，但是，是不是在宣汉中学工作过，他不是很清楚。我听到这些信息后立即断定，这位徐世群省长肯定就是我原来认识的那位徐老师。于是，我赶忙通过值班同志打听到了徐老师的家庭电话号码，并迫不及待地给徐老师打了电话。接电话的人正是徐老师的夫人。就这样，我终于又联系上了我的徐老师。不久，我专门去了一次成都，如愿以偿地再次与徐老师相逢。

在部队时，有一件事我永远也忘不了，那就是一背篓南瓜的故事。南坝镇位于宣汉县城东南30余公里处，是原川东地区四大古镇之一，兴场立市逾千年之久，历史源远流长，文化底蕴厚重。南坝镇群山环绕，峰峦叠嶂，风景美不胜收。

1972年，我们连队总部搬到了南坝。当时这里是南坝人民公社机关所在地，由于地处山区，交通很不方便，经济十分落后。特别是由于当时正在修建湘渝铁路，川流不息的解放牌货车把本来就崎岖不平的土公路碾压得更加不平。汽车扬起的灰尘使整条公路变成了一条巨大的尘龙。这条公路从南坝镇中心穿过，每到南坝镇赶集的日子，在街道两侧出售农产品的当地农民被弄得灰头垢面。当时，我是连队的炊事员，每天的任务就是烧火做饭。采购蔬菜的任务由连队的给养员负责。当时天气炎热，施工任务很重，生活搞得好坏直接影响连队负责的工程进度。可是，说来也奇怪，给养员天天采购的唯一蔬菜就是南瓜，所以，我所能做的菜也只能是上顿南瓜、下顿南瓜，大家对此意见很大。因此，我与给养员进行交涉，要求他采购蔬菜时不要再采购南瓜。给养员说集上没有别的合适的蔬菜，只有南瓜，若不信，他可以把购买蔬菜的钱交给我，让我去买。于是，第二天上午，我就来到了集市上，准备采购些战士们喜欢吃的蔬菜。我在集上转了一圈，发现菜摊上摆着的蔬菜绝大多数都是南瓜，其余的品种简直是少得可怜，而且价格也比南瓜贵了许多。根据我们当时的伙食标准也只能购买南瓜。尽管如此，我还是决定购买别的蔬菜。但是，就在我刚刚拿定主意的时候，我信步来到了一个菜摊前。在这个菜摊上卖菜的是一位白发苍苍的老太太，看上去，有七十岁左右的年纪，全身上下被过往的汽车扬起的尘土厚厚地盖了一层，就像是刚从尘土堆中爬出来似的。特别是她那张瘦得皮包骨头、皱纹密布的脸，看上去实在可怜。由于尘土覆盖，她老人家的皮肤已经无法辨认，但是，她的眼神和嘴唇却异常地让人难忘。她的眼睫毛挂满了灰尘，就像冰天雪地里的人眼睫毛上挂满了霜；她的嘴唇干得起了皮，好像刚从大漠中逃生出来。当我走到她面前的时候，她用浓重的川东话说："解放军叔叔（这是此地老乡对解放军的称呼，他们不分年龄大小都这样称呼我们），请把这些南瓜买起，要不要得?"她的声音虽然不高，但是穿透力却很大，好像字字都扎在了我的心上。于是，我顶着被战士们嘲笑和埋怨的压力毅然决然地高价买下了老太太的那背篓南瓜。其结果是不言而喻的。但是，我心里却觉得自己做了一件善事。

再说说我尝试翻译小说的事情。

经过几年的自学，我感觉自己的英语基础已经比较牢固，要想继续提高，就必须坚持边学习，边实践。于是，我决定找一本中国中篇小说，尝试着把它译成英文。

当时是1973年，正处在“文化大革命”时期。中国的小说大多都成了“毒草”，不用说翻译，就是看也属于违法。市面上能找到的书除了《毛泽东选集》，就是各种各样的毛主席著作。有《老三篇》，有《为人民服务》，有《毛主席在延安文艺座谈会上的讲话》，有《毛主席论持久战》，有《毛主席论正确处理人民内部矛盾》……最后，还是我高中同学李华轩帮了我的大忙。他给我写信说，有一本中篇小说刚刚出版，书名叫《闪闪的红星》，比较适合做翻译练习。得到这个消息之后，我立即去了围场县县城，在新华书店里买到了这本书。

《闪闪的红星》作者是李心田，是一位军旅作家。小说以1937年红军长征为背景，讲述了江西柳溪村有个年仅十岁的小孩潘冬子一心想参加红军的故事。冬子的爸爸是一名红军战士，他的妈妈被敌人残酷地杀害，冬子发誓要为妈妈报仇。他在粮店里当过学徒工，亲眼目睹了社会的黑暗与不公。他巧妙地与敌人周旋，冒险为游击队送盐、送信，在残酷的斗争中不断磨炼自己。这本书有二十五万字，非常适合我学习翻译之用。

拿到这本书之后我立即动笔翻译。此时我已经由炊事班调到了一排三班。我们连队正在河北围场、隆化和辽宁锦州一带施工，天天不是刨坑埋电线杆就是往电线杆子上铺设电话线，工作十分艰苦。我利用施工休息的业余时间坚持不懈地翻译。当时住的地方不是帐篷就是当地老乡为我们提供的临时住房，条件十分简陋，既没有桌子也没有凳子，我只好坐着打成团的军用雨衣趴在床板上翻译。在这样艰苦的条件下，我用了大约三个多月的时间完成了翻译初稿。

后来，我们排来到了隆化县城施工，有幸住进了隆化存瑞中学。这是一所以解放战争中手托炸药包炸敌人碉堡的战斗英雄董存瑞的名字命名的中学，它是一所著名中学。住在这里为我解决翻译中遇到的疑难问题提供了条件。方便的时候，我会带着翻译中遇到的问题跑到学校的外语教研室请教老师。外语教研室里有一位五十多岁的英语老师，名叫乐青，他的英语水平很高，据说曾经是中国著名英文周刊《北京周报》（Peking Review）的翻译，因为他的家庭成分复杂，1957 年反右时被打成了右派分子，1966 年“文化大革命”一开始他又被打成了黑帮分子，之后不久，他们全家被逐出了北京，他只好随其夫人回到其夫人的原籍——隆化县。回到隆化后，其夫人在县医院工作，他被存瑞中学接收，担任了英语教师。乐青老师不但英语好，而且平易近人，为人谦和厚道。他仔细地看了我的译稿，并且认真地对译稿中的不当之处提出了修改意见，使我受益匪浅。他认为我完全靠自学，英语能达到如此水平，实在是难能可贵的。于是，他主动提出帮助我把译稿推荐给中国对外文化局的杨宪益老人。

杨宪益老人是中国翻译界的泰斗，许多中国名著，（如《红楼梦》《儒林外史》《鲁迅小说选》《魏晋南北朝小说选》《唐代传奇选》《宋明平话小说选》《聊斋选》等），都是由他和他的夫人戴乃迭（Gladys Margaret Tayler，英籍中国文化学者）合作翻译成英文出版的。

1974年4月，我利用退伍回家路过北京的机会，带着乐青老师给我写的推荐信，去北京拜访了杨宪益老人。杨宪益老人当时是中国对外文化局的首席专家，拜访他老人家并非易事。首先，对外文化局是国家的重要机关，大门口有军人站岗，只有经过严格的审查盘问后才能帮你联系你要拜访的人。经被拜访者同意并派人下来接洽后才能决定是否允许接访。经过上述程序后，杨宪益老人在他的书房里接见了我，这是我一生中最大的荣幸之一。杨宪益老人当时已近花甲之年，工作也十分繁忙，因此会见时间十分短暂。他让秘书收下了我的译稿，并说如果可能的话他将帮我推荐到外文出版社，让我留下联系方式后回家等待结果。大约一个礼拜后，我收到了杨宪益老人的亲笔信。他在信中告诉我，经与外文出版社联系，《闪闪的红星》已经有了英译稿，当时正在印刷中，不久就会问世。因此，我翻译的《闪闪的红星》最后没有被采纳。我翻译这本书的初衷本来就是为了练习，根本就没有出版的奢望，因此，对于这个结果我一点也没有感到遗憾。

我在部队待了两年后，不无荣幸地获得了一个“副业队长”的雅号。这个雅号的背后还有许多故事哩！我的中学时代几乎全部是在“文化大革命”中度过的。虽然考入中学后，我的学习兴趣很大，大有头悬梁、锥刺股的劲头。但是，我的求学梦几乎被“文化大革命”给摧毁了。在闹革命之余，我通过自学学到了一点知识。特别是英语，这是我以实际行动批判读书无用论而获得的成果，因此无论何时何地，我都不能轻易把它丢掉。来到部队之后，除了积极参加连队的政治学习和完成自己的本职工作之外，我仍然坚持学习英语。为了使自己的英语学习与当时部队里普遍坚持的“天天读”学习制度结合起来，我购买了英文版的毛主席著作。所谓“天天读”就是每天早晨吃过早饭之后的第一个小时必须用来学习毛主席著作。这个制度在“文化大革命”期间是全国各地各单位人人都必须坚持的一种学习制度。这样我就既坚持了天天读，又学习了英语，取得了一箭双雕的效果。

在当炊事员期间，除了刻苦学习和努力工作之外，我还做到了主持正义、敢于负责、敢于管理。铁道兵作为一支工程部队，每年要求施工天数达到220天以上，因此军事训练时间比较少，纪律要求也与战斗部队有所区别。因为这，不应该在战斗部队中出现的现象在铁道兵内却屡见不鲜。再加上我们入伍的时间正是“文化大革命”后期，不正之风有所抬头，特别是1968年入伍的那批新兵，有的只在部队当了一年零八个月的兵就退伍回家。但是，这批兵很幸运，退伍后正赶上社会大招工，因此他们绝大多数都当上了工人，有的进了工厂，有的去了油田，工作都不错。这些是当时青年梦寐以求的理想工作。这件事对部队的军心影响很大，他们感觉无论如何也不能失掉这样的好机会。因此，军人开始不安心部队生活，千方百计创造条件争取尽快退伍当工人。在这样的大背景下，部队内部的管理就出现了问题。有的老兵，自恃自己资格老，肆无忌惮地到炊事班里乱抓乱拿。刚买回来的肉，就被这样的老兵切下一块拿走。他们一般都有电炉子，他们把拿走的生肉在电炉子一煮便成了美食。有的是菜刚刚做好，没等到开饭就拿着大缸子去炊事班自行打菜，他们往往是挑着菜里面的肉盛，一盛就是满满的一大茶缸子。这样一来，刚刚炒好的菜没等开饭就被打走了一半。因此，到开饭时，那些遵守打饭纪律的人，只能打到一点点菜，根本就不够吃。大家对此意见很大，但炊事班的人员大多数都睁一只眼闭一只眼。当时，我是一个新兵，只知道解放军是所大学校，全国人民都要学习解放军，无论如何也不能接受这样的现实。因此，只要轮到我在食堂里值班，正式开饭前，任何人也不准随意到食堂里打菜，更不允许到食堂里乱拿东西，为此我得罪了许多人，特别是，我所得罪的人都是得罪不起的老兵，就是连里的领导也高看他们一眼。对此我一点也不惧怕，我坚信正气一定能够压倒邪气。尽管我的所作所为得罪了一些人，但是，幸运的是得到了连指导员的支持。当时，我们连指导员是刚刚从师部派到我们连队的，他原来是师部的政治干事，是师党委委员。由于刚到我们连队，所以对我们连队的情况还不太了解。当时在他看来，我们这批新兵要学历有学历，要体质有体质，都是经过层层筛选直接从学校里选拔到部队来的。论学历都是高中毕业，连个头都齐刷刷在 1.7 米以上。因此，他认为我们这批新兵才是连里可以依赖的新生力量。他鼓励我们好好干，不要向歪风邪气低头。老兵的情况就大不同了，他们文化相对比较低，体质也没有我们新兵好，再说，几个月后他们就要退伍了，到时候让他们安安稳稳地退伍就行了，不要对他们斤斤计较。

但是，情况往往是千变万化的，没想到在我们新兵入伍一年之后，部队发生了一件大事。这就是 1971 年的九一三事件。1971 年 9 月 13 号，身为党中央副主席的林彪竟然驾机叛逃国外，落了个粉身碎骨、抛尸异国他乡的下场。九一三事件发生后，1971 年那年部队没有进行常规性退伍。这个事件对部队产生了很大的影响。此时，毛主席在原来号召“工业学大庆，农业学大寨，全国人民学习解放军”的基础上，又增加了“解放军学习全国人民”。从此之后，军人退伍实行从哪里来到哪里去的政策，从农村参军的战士退伍不再安排工作。因此，我们连队的工作也就更加复杂，老兵不再愿意退伍回家，我们这批新兵的处境也就越来越不利。

1972 年，我们连队由四川万源调往河北围场，参加京通铁路建设。围场县是满族蒙古族自治县，位于河北省最北部，地处内蒙古高原与冀北山地的过渡地带。气候特点是冬季酷寒干燥，夏季凉爽，春秋两季多风沙。该县临近冬季风源地，受冬季季风影响特别强烈，冬季受西伯利亚高压控制，盛行偏北风，寒冷干燥，最低气温可达零下四十多度。自清康熙时代，这里就是皇帝“行围狩措”的木兰围场，围场县也因此而得其名。

在围场，我们住在围场县委党校。开始我仍然在炊事班工作。在这里，有充足的木柴，因为到杨树林去买木柴，二十块钱可以买满满的一解放牌汽车。因此，不需要用煤作燃料。一开始，由于围场地广人稀，什么东西都很便宜。买一斤熟野驴肉只需要三毛钱，猪肉、牛肉就更便宜。因此，我们的生活很不错。但是，几个月后，随着参加京通铁路建设的大部队的到来，物价很快就涨上去了。为了搞好生活，我们连采取了两条措施，一是开着车去坝上打猎，二是到内蒙古去种土豆。当时，打猎比较容易，既可以打狍子，又可以打野猪。狍子肉特别好吃，因此，我们一开始主要是打狍子。狍子比较傻，很容易打，因此没过多久，狍子的数量减少了许多，最后，狍子就很难打到了。打不着狍子，我们就打野猪。而野猪可不是那么好打了。首先，野猪十分凶猛，而且奔跑的速度很快。发现野猪后，如果一枪打不准，它们立即就逃得无影无踪。如果有野猪被打中，但没打到要害处，中弹的野猪会朝着开枪的地方猛扑过来，十分吓人，也十分危险。我们连曾经一次打到过两头野猪，个头都很大，可以供全连吃两天。野猪的皮很好扒，和扒兔子皮一样，只要把头上的皮剥下后，然后仅凭借手上的拉力就可以轻而易举地把整张猪皮从猪脖扒到猪尾。剥了皮的野猪头又长又大，样子十分狰狞，特别是在夜晚，野猪头虽然已经被剥了皮，但两只眼睛仍然放着寒光，特别令人恐怖。其实，野猪肉并不好吃，特别是野猪肝，吃起来腥味很大。我对这种腥味很难承受，吃一口就感到恶心，一般性地刷牙漱口都难以把它去除。种土豆也不很费劲。由于坝上的土壤肥沃，土质松软，夏季雨水也比较合适，因此只要在春末将切成块的土豆种在地里，就不用管了，到秋天来临就可得到很好的收成。由于土豆丰收，所以我们种的土豆光是做菜无法全部消耗。因此，我们请当地的农民帮助我们将土豆加工成粉皮和粉丝来改善我们的生活。

到了1973年，我们连队内部管理问题越来越多，与原来的四好标兵连的称号越来越不相称，老乡观念，宗派思想，山头主义越来越严重，把连队搞得乌烟瘴气。在大家的心目中，指导员本来就没打谱在我们连队久待，只是想在连队锻炼一下，为下一步晋升创造条件，但是，连队的现状与他的理想大相径庭，大有使他陷入其中、难于自拔的境地，所以他不得不转变策略，有意识地缓和与老兵之间的关系。他向老兵示好的第一信号就是拿我开刀。在一次连队大会上，他对我进行了不点名的批评，含沙射影地说：“我们连队中有的人不热爱自己的工作，而是一心一意地在搞自己的副业。”他把我业余学习英语诬蔑为搞副业，这种批评使我无法接受。当时，我自我进行了反思：难道我学习英语有什么错误不成？我认为，自己学习英语并没有影响工作。再说，青年人努力学习是好事，应该受到鼓励，而不应该受到打击。就算在旧社会，学习也属于受鼓励之列，现在是新社会，像我们这代青年，生在红旗下、长在新社会，学习怎么不但得不到鼓励反而遭受这样的打击呢？我越想越想不通，越想越来气。最后，我决定进行反抗。等吹过熄灯号之后，我故意不去睡觉，而是在与食堂隔壁的一间小屋内学起英语来。大约半个小时之后，我听到门外有轻轻的敲门声。我假装没听见，继续埋头学习。随后又是一阵敲门声，我知道敲门者一定是指导员。于是，我抬高嗓门，大声说：“谁呀？门又没插上，进来就是了！”指导员一推门就进来了，他看见我正在气头上，知道我对他的批评不服气，因此，他假装关心的样子问：“天不早了，怎么还不去睡觉啊？”我带着气回答说：“睡不着！”他又问：“怎么睡不着啊？”我回答说：“神经病，就是睡不着！”指导员见我火气如此之大，只好说：“要注意身体，学一会就去睡觉吧。”他说完后立即走出了那间小房子。

从此之后，连里的战士都称呼我为“副业队长”。这个“尊称”一直持续到我退伍。

九、退伍进工厂

1974 年 4 月，我退伍后，被济南农具厂接收，成了“领导阶级”的一员。济南农具厂曾经是济南市的八大老厂之一，厂里有两千多名职工，属于国有大厂。

济南农具厂主要产品是深耕犁和拖拉机，深耕犁全部出口，拖拉机部分出口。我在厂里主要承担出口产品所需要的各种资料的翻译工作。厂里的产品使用说明书、零件图册、产品样本都是由我负责翻译。除此之外，后来厂里技校改成了“七二一”大学，我又负担起了给“七二一”大学的学生教授英语课的工作。一九七五年，济南市科技办公室（“文革”中叫科技办，“文革”后恢复了“文革”前的名称，改为济南市科委）成立了“济南市科技翻译网”，我被破格吸收为该网领导小组的成员，先后为济南市的多家企业承担了翻译任务，为这些企业解决了进出口工作中的许多难题。

1979 年，我被借调到中华人民共和国农业机械部外事司工作。我的具体任务是翻译出口产品的技术资料，其中包括产品样本、产品零件图册、产品使用说明书。产品涉及各种拖拉机、各种农机具、各种发电机组、各种内燃机、各种水泵、各种收割机等，全是从汉语翻成英语，工作量很大。幸亏当时我对农业机械专业的翻译比较熟悉，在济南农具厂翻译过不少这样的资料，因此，我翻译起来是轻车熟路，一边看着中文资料，一边用英文打字机打，根本不需要先打草稿。有一天，外事司出口处的处长找我，说有一个美国万国公司的技术考察团组即将来中国，主要是来与中方谈技术合作方面的问题，需要一位既懂英语又熟悉技术的翻译，经研究，我们认为你可以胜任这个工作。我对自己的英语词汇量和相关知识面还有一定的自信，但是，在这之前，我没有当过口头翻译，能不能胜任这项工作任务，心里没有数。于是，我想予以推辞，不想接这项工作任务，以免在翻译中出现问题，误了部里的大事。出口处的处长说，通过你这一段所做的技术资料翻译工作，我们发现你很熟练，担任口头翻译没有问题，你大胆地干就行，出了问题由我承担。处长的这一番话，使我无法再推辞，只好答应了下来。很快，外事司专门制定了接待美国团组的方案，方案中列了三位翻译，除了我之外，还有张杰和库金明。张杰是中国机械进出口公司的翻译，他刚刚从国外留学回来；库金明是农机部外事司的翻译，他毕业于北京外经贸学院（后来改名为北京外经贸大学）。美国团组在中国待了两个礼拜，先后去过沈阳、长春和西宁，分别与沈阳拖拉机厂、长春拖拉机厂、青海新都农机锻造厂、青海新都农机铸造厂，和农机部外事司举行了多次技术交流和贸易洽谈，翻译工作全是我一个人完成的。我这个没有进过大学门的人倒成了完成这项翻译任务的主力。

在农具厂，开始我被分到拖拉机车间当车工。对于这项工作我很热爱，学习也很用功。没用多长时间我就学会了车工的操作技能。当车工期间，我仍然没有放弃英语学习。我首先结合自己的工作，到省图书馆借阅英文版的专业书籍。英文版的《机床结构》《机床原理》《金属切削工艺学》《机床夹具》等都是我喜欢借阅的书籍。在我当车工的一年时间里，我基本熟悉了上述有关的知识，不但有助于我的工作，而且也提高了自己的英文水平。

学完了与车工有关的英文书籍后，我又学习了英文版的《金属热处理》《铸造及铸造工艺》《钳工》《电工》《拖拉机及农机具》等书籍。目的仍然是既学技术、又学英语。1975 年，随着全国性引进先进技术和设备的增加，英语技术翻译方面的人才越来越受欢迎。这时，我的技术英语翻译水平已经达到了比较熟练的水平。找我帮助翻译资料的个人和单位越来越多。正是在这种背景下，我被破格吸收为济南市翻译网领导小组的成员之一。当时这个领导小组由九人组成，除了我之外，其余八位都是大学的英文老师或科研院所的专职翻译人员，年龄都在五十岁以上，只有我是一个二十多岁的工人。成为该翻译网领导小组的成员后不久，我认识了机床二厂的副总工程师郭成秀先生。他曾经表示，机床二厂正在与美国公司谈合作，急需英语翻译，如果我同意，他可以把我调到机床二厂专门从事翻译工作。济南机床二厂是全国著名企业，能调到机床二厂，那对我来说当然是求之不得的。因此，我表态说："只要济南农具厂同意，我愿意去机床二厂工作。"后来，济南机床二厂费了很大劲，由于农具厂不同意而没有办成。但是，济南农具厂很快把我从拖拉机车间调到技术科，我被提拔成了技术员。后来，济南农具厂专门成立了设计科，我又被调到了设计科。我在农具厂工作了11年。

在农具厂工作时，我还有幸被选送到山东机械学校进修英语。

1976年我去英语进修班学习的前夕，全国上下正在开展"批邓，反击右倾翻案风"。当时我对没完没了的政治运动已经产生了厌烦情绪，特别是对于"批邓，反击右倾翻案风"，我更是有着一肚子的抵触情绪。在我看来，"文化大革命"搞了许多年，中国的经济、教育、文化等已经到了崩溃的边缘。工人无法正常做工，学生无法正常上课，商品匮乏，买什么都需要票。（买粮需要粮票，买煤需要煤票，买布需要布票，打油需要油票，卖肥皂需要肥皂票，买肉需要肉票，买鱼需要鱼票，买火柴需要火柴票……）而且经常是有票也买不到东西，还必须托关系、走后门。正是在这种形势下，毛主席才把已经被打倒的邓小平请出来，让他主持国务院工作。邓小平不负众望，重新工作后，他听民声、顺民意，大刀阔斧地拨乱反正。正当全国各项工作逐步走上正轨的时候，中央忽然又把邓小平重新打倒，并且在全国掀起了“批邓，反击右倾翻案风”运动。在这样的情况下，我再也无法保持沉默。于是，我在机关团支部大会上抢先发了言。我说：“大家都知道，团组织是党的助手，作为助手就需要围绕党的中心工作开展自己的工作。当前党的中心工作就是‘批邓，反击右倾翻案风’。说老实话，对于‘批邓，反击右倾翻案风’许多同志都感到不理解……”

“谁不理解?”没等我把话说完，团支部委员忽然质问。

“我就不理解!”我毫不犹豫地回答。

“你不理解就好好地看看报纸。报纸上这方面的文章很多，你看看报纸就理解了。”支部委员说。

“我都看了。文章虽然很多，但是，内容无非是‘邓小平以目乱纲，鱼目混珠。’仅仅是泛泛地从理论上说，但是无法让人心服口服。”我反驳说。

这时，支部委员不再说话。但是，我仍然感到还不解气，于是我接着说：“在座的年龄都不大，可以说没有什么经验阅历。但是，我们都亲身经历了“文化大革命”。通过“文化大革命”，我有个感觉，这就是，自我感觉良好，认为自己什么都懂的人往往是什么都不懂，吃亏上当的都是这种人。例如，“文化大革命”前，刘少奇搞三自一包（三自一包是指前国家主席刘少奇于1962年因应对大跃进时期发生的全国性大饥荒而推出的农村经济政策。三自即指自留地、自由市场、自负盈亏，一包即包产到户。后来这成为刘少奇走资本主义道路的罪状）全国上下不是都很理解吗，但是，结果怎么样啊?还不是都上当受骗了。到后来，林彪搞突出政治，天才论，理解的要执行，不理解的也要执行。全国上下不也是都跟得很紧吗?结果不是都上当受骗了吗?因此，我认为上当受骗的都是自以为什么都懂的人。”

在那次支部会上，对于我的话再没有人起来反驳。我认为，这倒不是别人没有不同意见，只不过人家认为我年龄最大，而且还是退伍军人，因此高看了一眼罢了。会后第二天，有一位小同事对我说：“谭老师，你昨天的发言真让人为你捏一把汗。如果有人叫起真来把你告了，那你可就麻烦了。”

我说：“告也不怕，我是在团支部会上发表的谈话，又不是犯自由主义会后乱说。”

1976年，我被选调到山东省机械工业学校英语进修班深造。这本来是一次系统学习英语知识的好机会，但是，由于当时还处在“文化大革命”中，本来的进修班，实际上却办成了从学习英语二十六个字母开始的初级班。在所谓的进修中我遇到了许多尴尬。

1976年9月1日，机械工业学校革委会成员、校教革组组长、英语进修班班主任在英语进修班开学典礼上发表了一次动情的讲话，这个讲话给我的印象很深，至今我仍然能详细地把它复述下来：

同学们，今天，你们肩负着“上大学、管大学，用毛主席思想改造大学”的历史重任，踏进了我们学校。借此机会，让我代表学校革命委员会，对你们的到来表示热烈的欢迎！

同学们，在这里我想提个问题，问问大家到这里来的目的是什么。大家可能会说，我们到这里来的目的是学英语。我说，这个回答是错误的，而且是大错特错。那么你们到这里来的目的到底是什么呢？我的回答是：你们到这里来的目的是学习马列主义和毛主席思想。说真的，你们英语学好学不好我并不关心，我关心的是一定要把马列主义和毛主席思想学好。只要把马列主义、毛主席思想学好了，我们的最终目的就达到了，你们的英语也就自然而然地学好了。

听了这些胡言乱语后我感到十分的气愤。我认为他所散布的这些言论完全是林彪的空头政治。他是在宣扬“用政治代替一切”的谬论。

他继续说：

同学们，你们的年龄都不大，对17年的资产阶级教育路线可以说是不很了解。同学们，十七年的资产阶级教育路线不得了啊！那是一条误人子弟的路线！那是一条害人的路线！我是人民大学毕业的。那时候，我是一个工农兵选调生，学习基础不太好，天天早起晚睡，拚上命地学。但是，一到考试的时候就傻了眼，只能考个三分、二分。真是抬不起头来啊！说到这里，他摘下眼镜，拿出手帕擦拭眼泪。他竟然伤心地哭了！

我听到这里感到很可笑，怨不得他那么痛恨十七年的资产阶级教育路线，原来，他本来就不是块上学的料！他竟然以考试不及格为光荣，甚至把考试不及格也当成了资本！

去机械工业学校进修之前，我曾经想：学校是学知识的地方，学生们最少保守思想，敢于探求真理、坚持真理。基于这种想法，在开学典礼之后的当天下午举行的座谈讨论中，我对当时自己一直不理解的关于批判邓小平“三项指示为纲”的问题又一次畅所欲言地提出来。我说：“说邓小平三项指示为纲是不要阶级斗争，是以目乱纲、鱼目混珠我认为讲不通。按照列宁的教导，只承认阶级斗争，不承认无产阶级专政的理论，不是真正的马克思主义者。而邓小平所说的三项指示里面，其中一条就是学习无产阶级专政下继续革命的理论。怎么说三项指示为纲不要阶级斗争呢？”

没想到，我的话音刚落，立即有人说：“你看你多反动啊！安定、团结、把国民经济搞上去才是邓小平的三项指示，哪里有学习无产阶级专政下继续革命的理论啊？”说话的人是当时进修班里唯一一位有英文大学学历的人，也是全班年龄最大的一个人。

我对他的一席话立即予以反驳，我说：“批了这么长时间的邓小平三项指示为纲，你怎么连三项指示为纲的基本内容都不知道?”他还想与我争论，此时，有个学员拉了他一下说：“别争论了，三项指示为纲中确实是有学习无产阶级专政下继续革命的理论。”这样，他立即闭上了嘴，不再与我争论。

没想到，我的关于邓小平“三项指示为纲”的发言捅了个大娄子。第二天下午，班主任让班长通知我，让我去他办公室一趟。我到了他的办公室，他对我说，要与毛主席和中央文革领导小组保持一致，不要乱发议论。我一听就知道，我在讨论会上说的话一定是有人向他作了汇报。于是，我对他也仍然坚持自己的观点。三说两说，我又与班主任辩论了起来。结果，我没有说服他，他也没有说服我，闹了个不欢而散。

两个月之后，传来了振奋人心的好消息，祸国殃民的“四人帮”垮台了，全国上下一片欢腾。人民群众自发地走上街头，走上广场，热烈庆祝四人帮的垮台。这时，我见到班主任，告诉他四人帮倒台了，邓小平的案也应该翻案了。班主任听后拍着桌子说：“不可能，邓小平这个案如果翻了，我们国家也就资本主义复辟了!”

我没有再与他辩论，但是，我坚信邓小平的案子是一定会翻的。不久，邓小平的案子真的翻了案。班主任再见了我就躲着，生怕我找他的麻烦。事实上，他是以小人之心度君子之腹。我之所以与他辩论，完全是出于探索真理和坚持真理，而丝毫没有得理不让人、想整别人的想法。

毛主席从1974年8月至1975年1月，先后做出并重申了“安定团结”“学习理论”“把国民经济搞上去”三项指示。但他本人并没有把三项指示联系在一起。邓小平则审时度势，融会贯通，把它们联系在一起。他在1975年5月29日钢铁工业座谈会的讲话中第一次提出：毛主席的三项指示“就是今后我们一个时期各项工作的纲”。

“三项指示为纲”是邓小平的一个创造。因为唯有贯彻执行毛主席的三项指示，才能把全党全军全国人民凝聚在一起，治理混乱局面；另一方面，整顿以贯彻毛主席的“三项指示为纲”来进行，就在同“四人帮”的斗争中占据了主动。

据说，山东省机械工业学校举办这个进修班的目的是培养出国援外人才，因此能到这个班进修将有出国的机会。顾名思义，英语进修班招收的学员应该是具有一定的英语基础的。我虽然没有上过大学，但是我自学英语达十年之久，已经翻译了许多资料，也曾经于1973年翻译过中国现代中篇小说《闪闪的红星》，而且在1975年被济南市科技办吸收为济南翻译网领导小组成员，因此，我被单位推荐到了这个进修班进行深造。可是，入学之后我才发现，该进修班招收的学员大多数都是毫无英语基础可谈的学员。根据这个现实，英语进修班的教学只好从 ABC 开始。

开课之后，像我这样的学员天天跟着学习 ABC 实在是浪费时间，我只好在课堂上自学适合自己英语水平的教材。同时，在课间休息的时候，我向老师提了个要求，我说："在教学上为照顾没有基础的学员而从 ABC 开始教我没有意见，但是，在课余时间，能不能给有英语基础的学员提供一些较高水平的听力教材，以便让有英语基础的学员也有所收获。"本来我认为自己这个要求是天经地义的，但是，没想到我的这个要求却招来了非议。班里有个同学，人虽然二十岁刚出头，但是，由于是在原单位搞政治工作的，所以其"政治敏感性很强"，思想很激进。他在旁边听见我的要求后立即表示反对，说那样是搞"小课堂"，是资产阶级教育路线搞的那一套。由于当时"文化大革命"还没有结束，这种动不动就上纲上线、乱扣帽子的伎俩还是有市场的。他这么一说，老师也就不敢答应我的要求了。所以，我在英语进修班进修的那两年，名义上是在学校进修，但实际上仍然不得不靠自学。在那个是非颠倒的特殊年代，这样的荒唐事并不为奇。利用那两年进修的时间，我不但自学了英国历史、英国文学，而且还翻译了 NumericalControl，Mathematics and Applications《数控——数学与应用》。

两年的进修结束后，我结婚了，爱人姓刘，是农具厂的同事，是通过同事介绍后相爱的。当时，我的条件很差，退伍时只有 60 元的退伍费，而且早已花光，分配到济南农具厂后每月只有35块钱的工资，除了生活费和购买自己喜欢的英文书籍和学习用品之后，几乎剩不下多少钱。因此，我结婚比较晚，我们1979年结婚时很寒酸，总共只有350元钱，其中150元是家里给的，另外200元是从我战友张其江那里借来的。当时，青年人结婚最起码的条件是“一套家具要齐全”，我当时连想都不敢想。我的新婚家具都是东拼西凑的，床是我的战友边秀才亲手用钢管焊接而成的，桌子和两把椅子是我爱人娘家陪送的，另外，用了30多块钱，在济南南郊仲宫集市上买了一根旧榆木梁，解成方子木，然后又买了几张纤维板，靠战友肖思河、边秀才和我爱人的哥哥打造了一个立橱，这就是我结婚的全部家当。我的婚礼也很简单，只在农具厂附近的一家名叫“青云饭店”的小饭店里摆了三桌酒席，而且作为新郎的我连一身新衣服都没有，穿着一身半旧的军装就结了婚。我爱人通情达理，对此一点也没有怨言。婚后她对我的工作和学习都十分支持。我感谢我的爱人，我的成绩也有她的一半。不久，儿子出生了。爱人担起了大部分家务，让我腾出时间和精力投入工作和学习。有这样一位贤内助，我很庆幸。

十、从工厂到国家机关

我在济南农具厂工作了十一个春秋。1985 年，我被济南市经济委员会调走，成了济南市市级机关的工作人员。围绕这次调动，曾经发生了一件令人不愉快的事情。

早在 1984 年，济南农具厂就有关于我上调济南市经济委员会的传言，而我自己却一点都不知道。许多人问起我这件事，我说这是不可能的事，一是因为我自己没有想调走的意愿，二是因为我不认识济南市经济委员会的任何人，市经委绝不会平白无故地调我去工作。这样，这种传说在厂里传了一段时间后也就没有了动静。后来，正直春节放假，我正在家里坐在电视机前收看春节文艺晚会，忽然，我们厂里的党委办公室秘书郑淑桂同志风风火火地跑到我家。她一进门就说："小谭，告诉你一个好消息，今天我在厂里值班，接到了济南市经济委员会领导的电话，他详细询问了你的工作情况，说有意把你调到市经济委员会去工作。"她接着说："前一阶段说你调市经委并不是谬传，原来是真的。你一定要抓住这次机会，争取调到市经济委员会。这不但对你个人是好事，对厂里也是好事。”我十分感谢郑淑桂同志告诉我这个好消息。听了郑淑桂同志的话我很高兴，这时我才知道济南市经济委员会调我是真有那么一回事。我决定春节一过就去找领导谈谈，希望能放我走。

五天的春节假期很快就过去了，正月初五一上班我就向我的直接领导徐科长作了汇报。徐科长说，这是好事，我们设计科没有问题，只要上面来调令我们就放你走，决不会阻拦。徐科长就我调动的事也找了人事科，人事科很快通知我去一趟。我接到通知后飞快地跑到了人事科。我们设计科与人事科不在同一座楼上办公，我们办公的楼叫技术楼，人事科在厂部办公楼，两座楼相隔一段距离。我从技术楼的第三层跑下来，然后再跑到厂部办公楼的第二层，累得上气不接下气。当我高高兴兴地喘着气进入人事科时，人事科科长用批评的口吻质问道：“小谭，你听谁说济南市经济委员会要调你？”他的这一问使我心里凉了大半截。我回答说：“你不用管是谁告诉我的，反正这绝对是真的，我希望领导能同意。”他听了我的话后越发地不高兴，于是就变本加厉地训斥我。我当时对他如此傲慢不讲道理十分气愤，我不想继续与他纠缠，于是就愤怒地离开了他的办公室。我想，人员调动的事人事科说了算，有这位人事科科长在这里挡着，我是万万走不了了。于是，从此之后我也就再没提调动的事。但是，说来我也很幸运，两个月后，李科长到了退休的年龄，人事科科长换成了×××。×××说起来还是我的半个老乡，他老家是阳信县，与我老家沾化县是邻县。他原先又在工具科任技术员，因此平时我对他有一种亲近感，见面都亲切地叫他“×老师”。尽管如此，我也没有想到为了自己的调动而去找他帮忙。但是，这时有位对我很好的老技术员主动给我出主意，他说：“小谭，×××成了人事科科长了，你的调动这下子应该没有问题了。不管怎么说，×××与我们都是‘一丘之貉’，你找他帮忙，他肯定会帮你。”他的话让我心里一亮，对啊，我怎么没想到去找×××帮帮我这个大忙呢！于是，到了晚上，吃过晚饭后我就去敲×××家的大门。那天晚上×××正好在家，于是我如愿以偿地见到了他。我一进门他就说：“我料到你会来找我，我知道你为什么来找我。”他的话让我有些摸不着头脑。他接着说：“你是不是要调走？我告诉你，你走不了。今后我们还要培养年轻人，但是，我们绝不能再培养那种翅膀一硬就想飞的人。”这时我才明白了，原来他比李科长更难商量事儿。于是，我反驳说：“你的预料也对也不对。本来我没有想来找你，是有人劝我来找你我才来的。那好吧，算我错了，既然这样咱们也没有什么好谈的了，我走了。”我随说随站起身来，朝着他家的大门口走去。我这样的态度可能也出乎他的意料之外，因此他赶忙换了口气，他说：“小谭，对于你的调动我不会阻拦，但是我要告诉你，如果你没有很硬的关系，你的调动是不可能成功的。”

“我作为一个从农村来济南工作的年轻人，我什么关系都没有，更没有很硬的关系。我死了心了，我哪里也不想去了，就在农具厂干一辈子。”我一边说一边走出了他的家门。

事情发展到了这一步，我是彻底死了心。我再也不愿意去想调动的事了。

俗话说：“山重水复疑无路，柳暗花明又一村。”就在我对调动工作失去信心的时候，就在我去×××家不到一个礼拜之后，人事科忽然给我们设计科科长打电话，通知我立即去人事科。由于上次去人事科闹了个不欢而散，所以，这次我无论如何也不想再登人事科的门。于是，我斩钉截铁地告诉徐科长：“我不去!”一会儿，人事科又打来了电话，说市经济委员会来人了，要求我赶快去人事科。这样，我怀着一颗忐忑不安的心去了人事科。到了人事科后，×××立即对两位陌生人介绍说：“这就是谭振学。”然后他又对我说：“这是济南市经济委员会的两位领导，他们想与你单独聊一聊。”我赶忙跑过去与两位陌生人握手。他们把我带到了一个没有其他人的房间，我们开始聊了起来。原来，他们是市经济委员会人事科的，一个是李科长，一个是关科长。他们说：“随着对外开放，市经委需要一位既熟悉技术又懂外语的人。经了解，我们认为你比较适合这个条件。因此，我们来的目的就是想征求一下你本人的意见，愿不愿意去市经委工作。”我连忙说：“我愿意，但是恐怕厂里不放我走。”关科长说：“只要你本人愿意去市经委工作，别的什么事情你就不用管了，一切由我们办。”随后，他们又问了我的家庭情况，我一一作了回答。

两天之后，我就接到了调往市经委工作的调令。1985年5月6日我正式被调到了济南市经济委员会。到了市经委后我才知道有关我调动的来龙去脉。原来，我是山东师范学院的李金声教授推荐的。李金声教授是中国九三学社的委员，在进京开会的列车上正好与市经委的主任坐在同一个包厢里。经委主任得知李金声老先生是山东师范学院外语系的教授后，立即请他帮忙物色外语人才。他告诉李教授，自从国家实行改革开放以来，市经委急需一位外向型人才，希望李教授在自己教过的学生中推荐一位英语高材生。李教授立即把我推荐给了市经委主任。因此，才发生了市经委调我这件事。

我是在老同学李华轩的引荐下才认识李金声教授的。自从认识后，我与李教授一直保持联系。不幸的是，在李教授进京参加全国九三学社会议回来后患了感冒，并突发心脏病逝世。因此，李教授生前也就没来得及告诉我关于推荐我到市经委的事。李教授的葬礼在英雄山革命公墓举行，我和李华轩都参加了他老人家的葬礼。

在济南市经委，我被分配到技改办。技改办是简称，全称是济南市技术改造办公室。我在技改办分管技术引进。当时，技术引进是个热点，是企业技术进步的重要措施。全市每年都有数以百计的企业引进国外先进技术和设备。分管这项工作令人感到振奋。我十分热爱这份工作，天天忙忙碌碌、加班加点。我的工作主要包括：编制技术引进规划、项目审批、项目调度、帮助项目实施单位落实项目资金、参与重大项目对外谈判和签约等。为了推动和提高技术引进工作，国家经济委员会、财政部和清华大学联合举办了“技术引进培训班”，授课老师多数都是来自世界银行的专家，统一用英语授课，我有幸脱产参加了这次培训。在这次培训中，我有幸第一次见到了朱镕基同志。当时，他是国家经济委员会的副主任兼清华大学经济管理学院的名誉院长。他在这次培训班的开学典礼上发表了重要讲话，并且同我们一一照相留念。

在市经委工作期间，我还兼做市经委的外事接待工作。当时，市经委的外事工作十分活跃，经常有外宾来访。我参与接待了大批外国友人和经贸人士。在接待中，除了制定接待方案和全程陪同外宾参观企业、接受领导接见外，我还担负起了所有的英语翻译工作。在参与接待的外宾中，包括英国的卡罗博士和日本专家渡边一郎先生，他们都被聘为市经济委员会的经济顾问。

能从企业调到济南市经济委员会，这是我做梦都不曾想到的事。我决心不辜负领导的期望，努力工作，争取在这个平台上干出一番事业。

济南市经济委员会属于济南市政府的一个职能部门。

办公地点位于市政府大楼五楼。机关早晨上班时间是8点，我住的地方离市政府很远，需要骑一个多小时的自行车才能到达办公室。我每天7点钟之前到办公室，到办公室之后，先把我们的办公室——技术改造处打扫干净，并把暖水瓶都打满开水。然后，就开始办公或学习。

我在技改办负责的工作是技术引进、智力引进、机电产品进口审查和经济委员会内部的外事接待工作。工作面比较宽，量也比较大。为了做好这些工作，我经常加班加点。我的工作不但得到了本委主要领导的肯定，而且也得到了上级领导部门领导的肯定。有两次重大活动，本来应该由山东省经济委员会派人参加，但是，省经济委员会的分管领导却把名额下达到济南市经济委员会，让我参加了这两次重大活动。这两次活动分别是：1986年世界银行、国家经济委员会、国家财政部三家联合在北京举办的“世界技术引进培训班”和国家经济委员会在江苏扬州举办的“中国企业技术诊断研讨会”。时任国家经济委员会主任的朱镕基也亲自参加了这两次活动。

济南经济委员会的主任对我在工作上也十分关照。当时，外事活动特别多，因为凡是与经济有关的外国代表团，济南市外办都与经济委员会联合接待，往往是从制定接待方案到翻译都由我具体负责。我不但外语过关，而且对经济、技术和企业都比较熟悉，因此，翻译任务也就落在了我的头上。有时，有关外事方面的工作，委里的一把手直接分配我去做。那时虽然工作很忙，但是我感到工作很顺心。可是，天有不测风云，人有旦夕祸福；祸兮福所倚，福兮祸所伏。正当我春风得意，踌躇满志的时候，忽然出现了新的情况。1987 年，济南市经济委员会为了更好地做好外经工作，决定专门成立一个新处室，叫外经处。外经处的工作范围包括技术引进、智力引进、机电产品进口审查和经济委员会内部的外事接待工作。这将意味着，我和我所干的工作将全部转到外经处。机关里的许多同事都认为，外经处的工作原来就是我所干的一些工作，因此，论熟悉工作和外语，委里别人都无法与我比，所以，委里既然成立外经处，理所当然地要提拔我当外经处的副处长。特别是技改办的与我比较要好的同事，纷纷给我出谋划策。他们说："振学，这次委里成立外经处，你一定要把握住一条，如果让你去外经处，你一定向领导表明自己的态度，如果能提个副处长还行，如果平调过去，则要求继续在技改处干。这一条你一定把握好。"对于这个新情况我倒没有过多地考虑。我想，无论到外经处还是留技改办，这是领导和组织的事，作为一名共产党员，自己不好挑肥拣瘦。因此，我没有为此事去找任何领导。我想顺其自然，领导让自己干啥就干啥。

几天后，委里正式下了关于成立外经处的文件，外经处暂定由三人组成，分别是正副处长和我。正副处长都来自科技处，我们后来都成了要好的朋友。文件下达后，有关人员立即开始交接工作，自文件下达之日起，有关人员两天内到位。这个文件下达后，多多少少对我有点触动，但是，我并没有任何表示，高高兴兴地带着自己原来的工作转到了外经处。

到了外经处不久，我就感觉到工作起来有些别扭：原先在技政处工作对我来说是轻车熟路，有什么工作，自己可以说干就干，不需要左顾右盼，工作效率很高。但是现在情况却不同了，什么事，都需要等处长和副处长发话。有什么出头露面的事儿都是处长的，干活的事儿、费力的事儿仍然全部由我一个人干，弄不好，领导还会有意见。这样一来，我越干越感到别扭，因此，我心里暗暗产生了“三十六计，走为上计”的想法。

本来，1986 年省经济委员会要成立机电办，急需招兵买马。由于自己的工作与省经济委员会上下对口，省经济委员会分管这项工作的同志，曾经首先征求过我的意见。如果我愿意调省经济委员会工作，可以把我调到省里来。从市经委调到省经委，对于个人来说当然是件好事。但是，由于考虑到市经委为了把我从企业调到市经委做了许多的工作，现在在市经委才干了一年多，还没有怎么为市经委出力，如果这时要求离开市经委，未免有些难以开口。因此，我婉言谢绝了省经委这位领导的好意。

事到如今，我感觉无法继续在市经济委员会干下去了，这时，再想去省经济委员会也已经是过了这个村没有那个店，后悔也来不及了。就在自己想要离开市经济委员会的时候，我忽然从大众日报上看到了，省外经贸委在全国范围内招考外经贸工作人员的公告。我看了这个消息之后立即通过省经贸委的朋友找到了省外经贸委负责招考工作的领导，并且出示了我的译著和关于自己的简单介绍。他看了我的材料后对我说，像我这种情况可以面试直接调入，不需要考试。对此我很高兴。但是，几天之后，省外经贸委人事处的韩处长告诉我，他们已经与济南市经济委员会人事部门就我的调动问题进行了协商，但市经济委员会不同意。他让我自己也做做市经济委员会领导的工作。于是，我就找了市经济委员会人事科的科长。她说，省外经贸委与我们不属于同一个系统，我们没有义务给他们输送人才。就在这个时候，我听说省经济委员会也需要人，因此，我打算先调到省经济委员会，然后从省经济委员会再想办法调省外经贸委。于是，我当天晚上就直接找了谭珂瑾主任。谭主任倒是很好说话，他立即同意了我的调动请求。市经济委员会的一把手同意了我的调动之后，人事科也就不好再从中作梗了。这样，我很快被调到了省经济委员会。到了省经济委员会后，我又向有关领导提出了调往省外经贸委的要求，结果没被批准。这样，我也就彻底死了去省外经贸委的心。在省经济委员会（后来改名为“山东省经济贸易委员会”）一待就是二十多年。俗话说，“山不转水转”。随着省里的机构改革，最后我还是被转到了省外经委，不过，这时的外经贸委已经随着职能的加强，而成了山东省商务厅。

在省级机关工作期间，我先后因工作需要多次出国访问，足迹遍及欧洲、亚洲、非洲、澳洲、北美和南美。工作之余我还翻译了数百万字的重要技术资料。特别是我翻译的《保证科学——质量保证与可靠性导论》《改革方法论》（Methodology for Reform）、《漫漫自由路》（Long Walk to Freedom）已经分别由中国技术标准出版社和山东大学出版社正式出版发行。其中，《Methodology for Reform》被山东省评为优秀图书；《漫漫自由路》（前南非总统曼德拉传）被评为“2007 年度全国畅销图书”。《漫漫自由路》于 2010 年 7 月和 2013 年 11 月经广西师范大学出版社两次再版发行，其中 2013 年出版的是精装本。2014 年，《漫漫自由路”》又以“理想国译丛”的形式，由广西师大出版社再次精装出版。另外，我的读书笔记，也于 2013 年以《汉英描写手册》的形式由山东教育出版社出版。经过多年的努力拼搏，我终于达到了自己的奋斗目标，圆了我用英语为人民服务的梦。世上无难事，只要肯登攀。只要你执着追求，不畏艰险，努力拼搏，勇往直前，你就能把一切困难踩在脚下，最后到达无限风光的险峰。

十一、挂职副县长

1993年，我被山东省经济贸易委员会下派到济南市长清县挂职，具体职务是长清县人民政府副县长。

所谓挂职，就是在不改变干部行政关系的前提下，委以具体的职务到其他地方培养锻炼的一种临时性任职行为。挂职分下派挂职和上派挂职。下派挂职是我们通常所说的一般意义上的挂职。顾名思义，下派挂职就是从上级部门选派干部到下级部门任职。上派挂职就是从下级部门选派干部到上级部门挂职。我到长清县挂职就属于下派挂职。

挂职是谋求升迁的一个途径，多数干部都通过挂职而得到了提拔重用。我挂职的目的可不是为了升迁，我压根儿就没有考虑去挂职。但是，由于自己在工作中与一位顶头上司发生了矛盾，为了躲避这种矛盾我才想到了挂职。我的申请很快得到了领导的批准。于是，我的人生又多了个挂职这一个插曲。

截至被下派长清县挂职，我已经在政府部门工作了八个春秋。论年龄，此时的我已经过了不惑之年。在省级机关像我这个资历和年龄的人一般至少是副处级干部。但是，当时的我却还是科级。可以说，我对于为官之道是一窍不通，我天生就是一个只知道埋头工作，不知道考虑个人得失的政治傻瓜。我是个典型的生在新社会、长在红旗下的人。我们这一代人接受党的教育，是学着董存瑞、黄继光、雷锋等革命英雄人物的先进事迹成长起来的一代人。在我们这一代人看来，自己所考虑的应该是刻苦学习、埋头工作，至于干什么工作，以及升迁、涨工资之类的个人利益这是组织上考虑的事，个人不应该去考虑。因此，我这一生从未为了个人的利益主动找过组织和领导。虽然，社会上流行着形形色色的不正之风和思潮，例如走后门、拉关系、跑官要官买官等，但我从来没有为之所动过。我从思想上就不信这个邪！

我在长清县工作了两年。在这两年中，我牢牢地把握住了一条原则：不辱使命，努力工作，为省经贸委争光。

挂职期间，我根据分工主要干了三件事。一是深入企业，对长清县工业进行调查。二是在深入调查研究的基础上发现长清县新的经济增长点，并在新的增长点上帮助企业确定技术改造项目。三是确定项目之后，帮助项目单位落实项目资金。

长清县的工业基础比较薄弱。当时全县工业企业号称177家，年盈利2000多万元，年实现税收3000万元。

我在长清期间考察了十三家企业，它们是汽车改装厂、制药厂、化肥厂、水泥厂、花岗石厂、气缸厂、酒厂、红光味精厂、农药厂、橡胶厂、麦芽厂、供水设备厂、钢塑门窗厂。其中花岗石厂、汽缸厂、麦芽厂、钢塑门窗厂是新建企业，因此，它们的效益比较好。其余九家企业，都是长清县的老企业。在这些老企业中，制药厂、化肥厂、水泥厂、酒厂经济效益也可以。根据省里的产业政策和长清县资源情况，最终确定了酒厂的矿泉水、汽缸厂的出口摩托车配套项目比较好，经过反复论证，县里确定把这两个项目报送省经贸委立项，最终两个项目都被批复立项。其中，汽缸项目还被列为山东省“百项重点项目计划”，批准投资1500万元，其中建设银行贷款700万元；另一个项目也得到了省里的贷款支持。

汽缸厂出口摩托车汽缸项目建设地点选在县开发区。当时确定项目建设的起点要高，厂房及办公、配套设施全部新建，所需关键设备也一律选择进口。这个项目在我结束挂职之前建成投产，在这个项目的拉动下，汽缸厂由一个小型乡镇企业一跃成长为长清县经济支柱企业。

矿泉水项目的建设地点位于长清县的风景区——莲台山。这里风景秀丽，历史悠久，早在汉代这里就是世外桃源般的好地方。据记载，汉朝开国谋士张良和娄靖都曾在这里隐居过。这里不仅山好，而且地下水质极佳，富含微量元素——锶。矿泉水项目的建设周期比较短，只用了半年的时间就建成投产了。

除了帮助企业搞项目之外，我还利用自己的一技之长，为长清县起草了英文版的对外宣传材料，另外还为长清县经委和孝堂山历史古迹解决了经费。

我在长清挂职期间共帮助长清县争取资金一千多万元。其中贷款890万元，拨款10万元，外商投资25万美元，折合人民币150万余元。我在长清所做的工作得到了长清县委、县政府、县人大和县政协的肯定。据他们评价，截至1995年，共有六位上级部门来长清县挂职的干部，在六位挂职干部中，我的业绩是最好的。

关于挂职，有人总结道："在下面干两年，工作是一个方面，更重要的是利用下面的资源，为将来安排创造条件。"我在挂职期间并没有遵循这条经验。两年中，我没有利用长清县的任何资源为自己未来的安排创造条件。在一次闲聊时，长清县的一位领导曾经非常知己地对我说："谭县长，论工作和素质，你早就应该得到提拔，但是到现在你还是个科长。在机关上好好干工作只是一个方面，另外，还应该注意联系领导。你现在在这里挂职，有这个条件，需要什么土特产之类的都能办得到。"这当然是肺腑之言。领导如此地敞开心扉，对自己忠言相告，我从心底里充满着感激。但是，我的回答却让领导十分失望。我说："谢谢领导的关心，但是，我现在已经是四十多岁的人了，至今没有干过这样的事，我也不想留这样的污点。"我说的的确是肺腑之言。但是，事后回忆起这件事，我总感觉自己的回答不无问题。在这样的问题上，我实在是太清高了，这与社会现实是格格不入的。

不知道从什么时候，社会开始流传这样的顺口溜：不跑不送，原地不动；只跑不送，平级调动；又跑又送，上级重用。据说，这是官场上的潜规则，信且行者则飞黄腾达，不信且不行者则寸步难行。我却偏偏不信这个邪！我想用我个人的实际经历去证明现实社会是否真的就是这个样。最终结果，确实证明了这个社会现实。听人讲，有个山村的老太太说："学这专业，那专业，学什么也不如学'舔'专业好。"这当然是个笑话，但却揭示了当今社会的一些现象。廉洁的人、有能力的人、办正事的人有时却不得好报，那些无什么能力和水平，专门靠拉关系、巴结上司的人却飞黄腾达。（谷俊山就是典型一例。）但是，我并不后悔我的作为，我鄙视官场一些人的蝇营狗苟。我看重的不是官职的大小，而是为人民服务的水平、质量和业绩，是人民群众的口碑。周永康倒是官职不小，又怎么样呢！到头来还不是遗臭万年！雷锋无什么官职，却是名垂青史。我宁愿不升官也不去做那些见不得阳光的事！

十二、我的偶像

在我的学习生涯中，中国历史上的几个历史人物对我影响颇大，成为我一生学习的偶像。这几位前贤是：苏秦、匡衡、车胤、孙康、林琴南。这几位前贤的共同特点就是学习刻苦、做事执着。他们在我的学习和为人处世中起到了巨大的鞭策和鼓励作用。每当我在学习中遇到困难和挫折的时候，我的脑海里就会出现这几位前贤的名字。只要想起他们，再大的困难和挫折我都能克服。我愿意借此机会把这几位前贤的故事介绍给读者。

1. 悬梁刺股

战国时期中原大地上七雄并立，战争连年不断，各国都想统一中原。年轻的苏秦凭借自己的学识和口才游说当时的秦国，希望得到重用。但是由于商鞅嫉妒他的才能，处处与他为难，没能如愿。后来，苏秦决定离开秦国，游说其余六国联合抗秦。为了实现这个目标，他变卖家产，筹集路费，到六国进行游说。经过六年的颠沛游说，他仍然无法实现自己的远大抱负。六年中，他花光了变卖家产所筹集到的全部钱财，只好落魄地回到了家中。家里的人没有一个能理解他，其中包括他的妻子和父母，都骂他败家子。

苏秦饱尝了人间冷暖，不觉潸然泪下。

失败并没有将他摧垮，他决心发奋苦读，夜晚读书读困了的时候，他想了个克制瞌睡的办法。古时候，男士都留辫子，因此他把自己的辫子接上一根绳子，然后把绳子拴在房梁上，一旦打瞌睡，他的头发就被绳子拽一下。这样一来，避免了由于瞌睡而耽误学习。开始，这个办法很奏效，然而到了后来，由于困急了，头悬梁这个办法不管用了，他会陷入了熟睡中。当他醒来的时候，他非常懊恼，因此找来了一把锥子放在身边，当学习再困倦时，他就用锥子狠狠地扎一下自己的大腿，剧烈的疼痛立刻让他睡意全无，那么他又可以全神贯注地读书了。

由于苏秦的刻苦攻读，他的学识更加渊博，也更加能言善辩，他再次游说六国联合抗秦，最后终于说服六国国君，实现了他的远大抱负。他身兼六国丞相，执金牌、宝剑，总管六国的抗秦大业。

当他衣锦还乡的时候，家人对他的态度截然不同了，父母把他当成了孝子，妻子恭顺了，嫂子也敬重他了。这就是两千多年来一直被人津津乐道的头悬梁、锥刺股的故事。我是通过小时候看过一出京剧，名叫“六国封相”，才知道这个故事的。

2. 囊萤苦读

读过中国成语故事的人，大都知道“囊萤苦读”这一典故。故事说的是东晋人车胤家境贫苦，晚上想读书，又点不起油灯，就把萤火虫抓起来，装在布袋子里，用以照明，坚持彻夜苦读。

车胤，字武子，晋代南平（今湖北公安市）人，他的祖父车浚，三国时期当过东吴的会稽太守。因灾荒请求赈济百姓，被昏庸的吴主孙皓处死，此后车胤的家境就一落千丈、一贫如洗了。车胤幼年立志苦读，却因家中贫寒，晚上看书没钱点灯。一个夏天的晚上，他正坐在院子里默默背书，见到许多萤火虫在空中飞舞，像许多小灯在夜空中闪动。此情此景使他心中一亮，他立刻捉了一些萤火虫，把它们装在一个用绢纱做的口袋里，萤光透过绢纱照射出来。车胤借着这种微弱的光线，夜以继日地苦读。

通过苦读，车胤终于成了一个很有学问的人。他一生中当过吴兴太守、辅国将军、户部尚书等官职。

3. 凿壁借光

“凿壁借光”说的是汉代少年匡衡的故事。匡衡是西汉时代的名人。匡衡小时候非常勤奋好学，他家里很穷，白天必须干活，挣钱糊口。只有晚上，他才能有时间读书。但是，晚上看书需要蜡烛，而他家穷得连蜡烛都买不起。因此，天一黑他就无法看书，眼睁睁地看着时间白白地流逝，心里很着急。他的邻居家里很富有，一到晚上好几间屋子都点起蜡烛，把屋子照得通亮。有一天，匡衡鼓起勇气对邻居说：“我晚上想读书，但买不起蜡烛，能否借用你们家的一块方寸之地，供我晚上读书之用啊?”他的这位邻居一向瞧不起比他们家穷的人，他恶毒地挖苦说：“既然穷得买不起蜡烛，还读什么书呢!”匡衡听后非常气愤。

匡衡回到家中，悄悄地在墙上凿了个小洞。他白天把小洞堵死，晚上待邻居家点上蜡烛后，他把小洞打开，让烛光从洞中透过来，他借着这微弱的光线，如饥似渴地坚持读书，并读完了家中的全部书籍。

匡衡读完家中的书以后，深感自己所掌握的知识还远远不够，他想继续多读一些书。附近有个大户人家，有很多藏书。一天，匡衡卷着铺盖出现在大户人家门前。他对主人说：“请您收留我，我给您家里白干活不要任何报酬。只要允许我借阅您家书籍就行。”主人被他的精神所感动，爽快地答应了他借书的要求。

匡衡就是这样勤奋学习的，后来他做了汉元帝的丞相，成为西汉时期有名的学者。

4. 冬夜映雪

这是关于孙康刻苦读书的故事。孙康是晋代人，幼时酷爱学习，常常感到时间不够用。他想夜以继日地读书，可家中贫穷，没钱买油点灯。一到天黑，便没有办法读书。特别到了冬天，长夜漫漫，他有时辗转很久，难以入睡。实在没有办法，只好白天多看书，晚上睡在床上默诵。他觉得让时间这样白白跑掉，非常可惜。

一天半夜，孙康从睡梦中醒来，把头侧向窗户时，发现从窗外透进几丝白光。开门一看，原来是下了一场大雪。屋顶白了，地上白了，树上也白了，整个大地披上一层银装，闪闪发光，使他眼花缭乱。他站在院子里欣赏银装素裹的雪后美景，忽然心中一动：映着雪光，可否读书呢？他急急忙忙跑回屋里，拿出书来对着雪地的反光一看，果然字迹清楚，比一盏昏黄的小油灯要亮堂得多呢！于是他感觉不到困了，立即穿好衣服，取出书籍，在雪地上看起书来。孙康不顾寒冷，孜孜不倦地看书，手脚冻僵了，就起身跑一跑，再搓搓手指。

从此孙康不再为没有灯油而发愁。整个冬天，他夜以继日地读书，不怕寒冷，也不感到疲倦，常常一直读到鸡叫。即使是北风呼号，滴水成冰，他也从来没中断学习。功夫不负有心人，孙康砥砺求进，学有大成，终于成为一位很有名望的学者，成为晋国的御史大夫。

5. 林纾敬师

“林纾敬师”是关于清朝末年翻译家林琴南的一个小故事。林琴南，又名林纾，闽县（今福建福州市）人。六七岁的时候，他跟随老师读书。老师非常贫困，经常无米下锅。林纾知道后，背着父母用袜子装满了米送给老师。老师严肃地批评了他。老师虽然对林琴南所做的这件事进行了批评，但是，他同时开始喜欢上了自己的这位有情有义的小弟子。所以，从此之后，老师对林琴南倍加爱护和帮助。在老师的用心教导下，林琴南刻苦攻读，后来成为中国近代著名的文学家和翻译家。他一生创作了大量文学作品，还与他人共同翻译了 180 多部外国文学著作，其中包括小仲马的《茶花女》。他是中国历史上一位蜚声中外的不懂外语的翻译家。

十三、国外见闻

1. 美国初行

由于工作需要，我经常出国。出国办事有时也是很曲折的。办完了业务之后，我和同事们也经常到当地的一些地方参观访问、驻足浏览，因此也了解了当地的一些风土人情和逸闻趣事。今写出一些以飨读者。

1987 年，我以翻译的身份随山东省机械厅的一个团组去了美国。这是我第一次到美国。这个团组共有四人，团长是青州市的副市长花润田，团员是青州阀门厂的王厂长和范副厂长，我是临时被借来的翻译。

我们这次出国的主要任务是去美国昌皮尔国际公司正式签订购买阀门自动检验设备的合同。这桩贸易是当年春季“青岛小交会”谈成的重要成果。在小交会期间，买卖双方已经签订了合同。合同规定，待中方到美国考察设备并签字后合同即可生效，合同总金额为五十万美元。我们这次到美国考察的时间是1987年5月，在外时间是十四天。我们从北京乘坐中国国际航空公司的航班直飞美国旧金山，然后再从旧金山换乘美国航空公司的飞机飞往休斯敦。我们乘坐的飞机是波音747，飞机很大，为上下两层，能乘坐500多人。从北京到旧金山行程上万公里，如此大的飞机竟然不需要中间停机加油，经过连续十几小时的飞行，直接从北京飞到了旧金山。

我们四人在这之前都没有出过国。我们一下飞机就被机场的规模惊呆了。之前我们在国内也曾经坐过飞机，感觉我们的北京国际机场已经够大、够气派的了。但是，与眼前这个旧金山机场相比，那简直就是天壤之别。旧金山机场上的飞机数不胜数，令人感觉多得惊人。正在起飞和降落的飞机一个接一个，间隔时间很短。相比之下，当时我们北京国际机场的飞机就少得多。论机场的设施，我们更是无法与旧金山机场相比。代步电梯、扶手梯到处都是，机场里面的商场、餐馆、咖啡馆比比皆是，商场里的商品琳琅满目。走出机场一看，更是令人吃惊。宽敞的马路上，行驶的汽车一辆接一辆，简直就是车的海洋！马路两侧竟然没有人行道！路上行走的除了汽车就是汽车，根本看不到步行的或骑自行车的人。如果没有人接，我们似乎寸步难行。幸亏我们在旧金山需要换乘美国航班去休斯敦。因此，不需要出机场。我让他们三人在机场出口处等着我，我自己前去问事处，打听换乘飞机的有关事宜。经过问事处，我打听到了办理转机手续的地方，于是，我们四人一起来到了美国大陆公司的登记办理处办好了登机牌，然后，经过安检进入了候机地点。大约等了一个小时，我们登上了前往休斯敦的航班。经过一个多小时的飞行，我们终于到达了休斯敦机场。休斯敦机场似乎没有旧金山机场大。我们下了飞机后，首先跟随着人流到了取行李的地方取了行李，然后我们推着行李来到了机场出口处。在出口处有一位年轻的美国女士，手上举着一个接机牌，牌上用英语写着我的名字。我赶忙向她招手致意，并冲着她走了过去。

经过介绍，我们得知到机场迎接我们的是昌皮尔公司的总裁。举牌子的女士是他的秘书，名叫丽达。我们见面后首先互相作了介绍。接着，在昌皮尔先生的带领下，我们来到了附近的一个停车场。我们乘坐一辆豪华的商用车离开了机场。在路上，昌皮尔先生问我们坐了多长时间的飞机，感觉累不累。另外还向我们介绍了休斯顿的一些情况。不知不觉，我们乘坐的汽车停在了一家饭馆前。昌皮尔先生说，现在到了吃午饭的时候了，所以先安排我们吃午饭，吃过饭之后再安排我们入住大酒店。在昌皮尔先生的带领下，我们从汽车上下来后直接走进了饭馆。这是一个墨西哥餐馆，环境十分幽雅。早在饭馆里等候我们的还有一位中年女士，昌皮尔高兴地把她介绍给了我们。原来，这位中年女士是他们公司的副总。这位女副总生得金发碧眼，十分精神，也十分漂亮，具有典型的欧美贵妇人的气质。她向我们介绍说，这是休斯敦一家有名的饭馆，主要经营墨西哥餐，她希望我们能够喜欢。

吃过午饭后，我们被安排在了一家豪华的大酒店。这家大酒店是以美国著名总统林肯命名的大酒店。当时，像这样的豪华大酒店在中国还很少见，属于五星级大酒店。林肯大酒店的总台上天天摆放苹果之类的水果和糖，住宿的旅客可以免费享用。

入住酒店后，我们首先休息了一个小时，然后，昌皮尔先生亲自开车接我们去他们的公司参观。他们的公司位于休斯敦的西部郊区，公司是一个只有五百平方米的平房，而且是临时框架结构。前面两间是办公区，后面则是一个厂房。

当时在公司上班的人很少，总共只有三五个人。由此判断，昌皮尔国际公司只不过是一个小公司。与其冠以“国际”二字的公司名称相比，很是让我们失望。我们在他们的公司里并没有看见他们生产的产品。据他们说，设备已经完成了设计，合同签字后即可投入生产，制造周期为三个月，年底前供货不成问题。参观完他们的公司后，昌皮尔先生又亲自驾车把我们送回了大酒店，他说晚上他们将正式宴请我们。他希望第二天上午在林肯大酒店的312会议室举行合同洽谈会，以便正式签字生效。对于他的安排我们并没有表示任何意见。我们回到房间后，花副市长立即把我们三人召集到他房间开碰头会。会上主要研究的事是，是否在开口合同上签字的问题。我们感觉，昌皮尔公司是一个小公司，我们对他们是否有能力生产我们所需要的先进设备产生了怀疑。最后，我们一致同意“不见兔子不撒鹰”。如果见不到我们所订购的先进设备，我们坚决拒绝签字。

下午差五分不到6点，昌皮尔先生给我打了电话。他说他此时已经在酒店的大堂等候，希望我们6点准时下楼去用餐。我立即通知了花副市长和其他两位厂长，我们6点准时来到了大堂。寒暄后，在昌皮尔先生的带领下，我们来到了位于一楼的餐厅。餐厅里已经有三个人等候在那里，除了中午吃饭时那两位女士外，还有一位看上去有六十岁左右的男士。经过昌皮尔先生的介绍，我们知道他是公司的总工程师约翰先生。我们各自就位后，昌皮尔先生立即招呼服务生上菜。那天晚上的宴请是标准的西餐。具体上了些什么东西，我已经记不清了，反正是比较复杂，有牛排、烤肉，和牛尾汤、海鲜饭等，既有甜点也有大菜，最后还有冰激凌等。那天喝的酒主要是红酒，另外还有威士忌和各种饮料。吃饭期间，昌皮尔先生对于我们的活动日程作了安排。他建议，第二天上午洽谈合同，然后，主要活动就是观光旅游。他安排约翰先生全程陪同我们活动。花副市长对于昌皮尔先生的热情招待和精心安排表示感谢，同时，他建议日程安排要以工作为主，以观光旅游为辅，希望待工作圆满完成之后，再安排适当的观光。昌皮尔先生表示赞成。

宴请结束后，我们马上回房间休息。由于时间差的关系，我们已经连续二十多个小时没有睡觉，我们都感觉十分疲乏。那天，尽管我们睡得比较早，但是我们都没有睡好。躺下后我们却久久不能入睡，原来这是时差的原因。

第二天上午9点，我们双方开始洽谈。由于事先没有看见他们生产的设备，因此洽谈只能是就合同洽谈合同。谈了半天，我们也没有签字。对方坚持只有签字生效后，他们才能开始生产，只有生产出设备后，我们才能亲眼看到设备。我们则坚持，看不到设备，我们无法在合同上签字。哪怕是让我们看看他们为其他客户生产的同类设备也行。对方说，他们的客户主要分布在欧洲和南美，在美国本土，只有罗克韦尔一家公司。然而，由于贸易摩擦，罗克韦尔公司拒绝昌皮尔公司安排我们去参观。所以他们无法满足我们的要求。最后，对方答应安排我们去亚利桑那一家阀门生产公司去参观。但是，那里没有他们公司生产的同类设备。

从休斯敦到亚利桑那阀门公司大约有五百公里的路程，开车来回需要一整天。第二天一大早我们就出发了，这次还是由昌皮尔先生亲自驾车陪同。

当时，美国已经实现了全国公路高速化。通过在路上聊天，我们得知，美国公路改造工程历时二十年。美国高速公路两侧除了森林就是绿地。绿地上放养着悠闲自得的牛群。呈现出一片祥和的气氛。我还惊奇地发现，美国公路上跑着的汽车竟然一辆货车也没有，除了轿车、面包车、大客车之外，就是少量的闷罐车和运输轿车的专用车。经过询问，我才知道，那些跑着的闷罐车就是货车。原来，美国的货车和我们的货车不一样。我们的货车都是敞开的，而美国的货车则都是封闭式的。他们的货车，不但能保证货物安全，而且也不会发生跑冒滴漏、污染公路、污染环境的问题。他们的货车也不会发生多装、超载现象。而这些问题，在我们中国至今仍然没有得到解决。

大约11点我们到达了目的地。这家阀门生产企业坐落在一片树林中，主要生产各种石油管道阀门。由于同行之间技术需要保密，我们只参观了部分生产车间，关键的生产设备我们没有看到。中午，这家阀门公司的经理尽了地主之谊，请我们在公司里吃了工作餐。吃过午饭后，我们沿原路返回了休斯敦。

第二天，昌皮尔先生陪同我们在休斯敦附近的海边转了大半天。然后，他说飞机票已经帮我们买好，明天他将派约翰先生陪我们去旅游胜地坦帕观光。我们将在坦帕住两个晚上，三天后再乘飞机返回休斯敦。回休斯敦之后，再协商签合同问题。

按照昌皮尔先生的安排，约翰先生陪同我们乘飞机到了坦帕。我们很清楚，约翰先生名义上是陪同我们观光，实际上是监视和控制我们的行踪，防止我们私自与其他美国公司联系。对于他们公司的实力我们确实很怀疑，我们希望尽快同罗克韦尔公司取得联系，而且，王厂长也有罗克韦尔公司的联系电话。昌皮尔公司不帮我们联系，我们决定自己联系。

约翰先生首先带领我们去了坦帕迪斯尼乐园。据介绍，坦帕迪斯尼乐园是当时世界上最大的迪斯尼乐园。乐园内游乐设施十分完备，有过山车、闹鬼的庄园、圆形立体电影院、宇宙馆、驯兽表演等，里面也有大酒店和各种饭馆和咖啡馆。只要有时间，游客可以在乐园里住上一个礼拜，这样才能把乐园里面的游乐设施玩遍。由于乐园里的酒店比外面的酒店贵得多，再说我们也没有那么多时间，所以我们只在迪斯尼乐园里走马观花地玩了一天。当天晚上，我们住在坦帕海边的一家酒店里。晚上，我们四个人又凑在一起开了个会。我们一致认为必须抓住这次来坦帕的机会，摆脱昌皮尔公司的监控，访问罗克韦尔公司。王厂长知道，罗克韦尔公司总部在北科罗莱纳州的首府罗利。于是，我们决定当天晚上乘飞机从坦帕赶往罗利。我们悄悄拿着随身携带的行李，不辞而别地离开了约翰，摆脱了昌皮尔公司的控制。没想到，在美国乘飞机就像乘坐公共汽车那么便利。到了飞机场没用半个小时，我们就买到了前去罗利的机票。大约四十分钟后，我们顺利地到达了罗利机场。下飞机之后，我们立即通过电话与罗克韦尔公司的人取得了联系。我们简单地作了自我介绍，并说明来意后，对方热情地答应了我们的要求，并让我们在机场出口处等候，他们马上派人去机场接我们。大约二十分钟后，罗克韦尔公司的覃克（Tanker）先生就赶到了机场。我们相互介绍之后，立即乘坐覃克先生的汽车离开了机场。覃克先生高高的个子，看上去有四十岁左右，是一位热情、坦诚而好客的热心人。他说，由于接到我们电话的时候，他们公司的管理人员已经下班，无法安排公司领导出面接待我们，因此他将代表公司领导，请我们吃晚饭，然后再安排我们去酒店住宿。我们说我们已经吃过晚饭，直接安排我们去住宿就行了。这样，覃克先生直接把我们送到了一家酒店。他临走时告诉我们，第二天早上酒店早餐时间是从早上6点至10点，住宿费里面已经含了早餐，直接拿着房卡去二楼餐厅用餐即可。他还告诉我们，第二天早上9点他将来接我们去公司参观。我们对他的热情接待表示感谢。

第二天早上9点，覃克先生准时来酒店接我们，驱车十来分钟我们就到达了罗克韦尔公司。罗克韦尔公司的总裁热情地接见了我们。他亲自带领我们参观了他们的公司，并与我们举行了会谈。会谈中，我们了解到罗克韦尔公司使用阀门检测设备是芝加哥阀门检测设备制造公司生产的，而不是昌皮尔公司生产的，他们也从来没有听说过昌皮尔公司。这样，通过罗克韦尔公司我们与芝加哥阀门检测设备制造公司取得了联系。我们决定第二天从罗利去芝加哥，芝加哥阀门检测设备制造公司表示欢迎我们去参观他们的公司。由于我们的团长是青州市副市长，因此，罗克韦尔公司的总裁专门与罗利市市长取得了联系，市长先生邀请我们去市政府做客，我们当然很高兴。于是，完成参观罗克韦尔公司后，罗克韦尔公司的总裁带领我们前往市政府。罗利市市长在他的办公室亲切会见了我们，并向花副市长赠送了罗利市的金钥匙。如此热情而高规格的接待，这是我们没有想到的。

第二天，我们从罗利乘飞机直飞芝加哥。芝加哥阀门检测设备制造公司的代表如期到芝加哥机场迎接我们。原来，芝加哥阀门检测设备制造公司位于数十公里处的一个芝加哥卫星城市，我们花了一个多小时才从芝加哥机场到达那里。这家公司是一家比较大的公司，他们生产的检测设备代表着当时世界先进水平。于是，我们当即决定购买他们的阀门检测设备。购买设备的第一步，首先需要举行技术洽谈和商谈购买合同。这个工作比较复杂，我们用了两天的时间完成了这项工作。最终达成的合同金额为二十五万美元，比原来与昌皮尔公司签订的开口合同少了二十五万美元。

到此为止，我们到美国考察的主要任务算是画上了圆满的句号。剩下来的时间，就是观光和游览。我们在芝加哥游览了一天，第二天我们又去了纽约。在纽约我们住了两天，参观了中国城、华尔街、自由女神和纽约海边。

花副市长由于在青州市是分管财贸的副市长，因此，他对纽约的市场很感兴趣，很想借此机会做一番调查。

因此，我们也逛了许多商店。中国人当时出国零花钱很少，每人每天只有三十美元，因此，中国人在国外逛商店是地地道道的逛商店，根本不买东西。久而久之，美国商店里的售货员或老板都知道从中国大陆来的中国人穷，来商店只逛不买东西，因此，很看不起中国人。特别是纽约繁华大街上的小商店，他们一见有中国人走进他们的商店，往往非常鄙视，连理都不愿意理。当时，中国人到了外国，虽然穿戴的都是西服洋装，但由于设计落后，做工也不好，因此外国人一看就知道是中国大陆来的人。有一次，我们走进了一家规模不大的家电商店。一进门，店里的两个售货员就咬牙切齿地说："Chinese！Chinese！"由于他们三个人都不懂英语，因此，他们都不知道两个外国人说的什么意思，也就毫不介意地走到柜台前。而我则不然，我感觉受到了莫大的的侮辱，真想立即扭头离开那家商店。但是，由于我的身份是团组的翻译，因此，只好硬着头皮跟在了他们三个人的后面走进了商店。我说，这两个家伙对我们很不礼貌，我们最好赶快离开这里。但是，这时花副市长却对一个快速成像照相机发生了兴趣。他用手指着那个照相机问："这个照相机多少钱啊？"我只好赶过去把他的话翻译成英语。商店里的售货员说："这个照相机售价为二百六十美元，我们知道你们中国人没钱买，如果你真想买的话，我可以按百分之五十的折扣价卖给你，你们买得起吗？"他的话使我十分气愤！但是，考虑到我们身处异国他乡，遇事只能息事宁人，因此，我假装听不懂他的话拉着花副市长走出了那家商店。这段经历对我触动很大，在我的内心深处留下了重重的阴影。到后来，我虽然有机会又去了两次美国，由于内心深处的这个阴影，我在美国很少去逛商店。1998 年，我随着山东省经贸考察团第四次去美国。没想到这时中国人在美国人中的形象已经发生了翻天覆地的变化。团组中有几个人想买摄像机，我领着他们又来到了那条商业街。由于时间已经过去了十多年，因此，已经无法找到原来那家令我遭受侮辱的家电商场。这次我们选中的商场无论是规模和位置都与那家很相似。但是，售货员对中国人的热情程度简直令人瞠目结舌。他们真是像接待上帝一样地接待我们。我们一次在他们商店里买了三架摄像机。售货员竟然主动向我献媚，要偷偷地给我回扣，我不屑一顾地拒绝了他。原来，中国让一小部分人先富起来的政策这时早已经取得了成效，到美国去的中国人再也不是原来贫穷落后的形象，而是摇身一变，似乎都成了百万富翁、千万富翁或亿万富翁，他们到了美国，似乎都成了疯狂购物、疯狂购买房地产的大鳄。牛气冲天的美国人购买房子时都是采取分期付款、贷款买房的方式，而中国人在美国买房子多数都是一次性付款、现款买房，几十万美元，甚至上百万美元的房款，用现金一次付清。这怎么能不使美国人瞠目结舌、目瞪口呆呢！

我们计算着时间，于回国之前的头一天下午 5 点钟从纽约返回了休斯敦。当我们走进林肯大酒店直奔大堂提取我们寄存在那里的行李箱时，大堂经理告诉我们，昌皮尔公司的人天天来寻找你们，请立即给昌皮尔公司去电话。于是，我拨通了昌皮尔先生的电话。电话一接通，我就听到昌皮尔先生拉着长腔、怪声怪气地说："谭先生，这些天你们上哪里去了？我还认为你们出了什么不测在美国迷失了呢，可把我给急死了！"我告诉他："说来话长，等见面后再详细地告知。"然后我挂断了电话。当我们重新办完入住手续后不久，昌皮尔先生就风风火火地赶到了大酒店。他要求立即洽谈并签订合同。

晚上吃过晚饭后洽谈正式开始。由于我们已经考察了芝加哥阀门检测设备制造公司，对这种设备的技术和价格已经心中有数，因此，洽谈时我们很主动。我们从他们的设计方案中，挑出了四大问题。一是设备采用的控制部分档次低；二是工件装卸自动化水平低，达不到自动检测的要求；三是控制系统选用的语言单一，只有英语一种语言，我们要求采用英语和汉语两种语言；四是按照设计方案，价格太高，不值五十万美元。对方当然竭力反驳我们的意见。特别是在价格上，他们叫来了他们的设计师，一项一项地计算成本，按照他们的计算，他们设计的设备竟然超过五十万美元。不管他们怎么计算，我们就是坚持我们的意见，就是拒绝在草签的合同上再次签字确认。当时，洽谈的气愤十分紧张，我真担心他们一气之下，第二天不让我们去机场，把我们扣留在美国。因此，除了履行翻译任务之外，我还想法从中调停，承担起了和事老的角色。我对昌皮尔先生说："花副市长、王厂长他们这次来美国的目的就是考察设备并签字确认青岛草签的合同。但是，来到美国后，由于没能亲眼看到贵公司生产的类似设备，只是纸上谈兵，因此，他们无法在合同上签字，这是可以理解的。换位思考的话，换成贵公司，在这样的情况下也不会签这个字。出现这种情况，双方都是不愿看到的。对于花副市长和王厂长来说，出现这种情况则意味他们这次美国之行无法完成使命，白来美国一趟。因此，这叫做不得已而为之。"

洽谈整整僵持了一夜。到了第二天早上6点，昌皮尔先生终于放弃努力，最后决定按时送我们到机场。直到这时，我一直悬着的心才像一块石头落了地。我们终于能够按时踏上回国的旅途。

这次去美国是我多次出国的缩影。在很多人看来，出国很风光：穿西服，吃西餐，坐飞机，屁股冒烟（乘轿车）。其实，出国更多的是使命，是担当，是对国家、对单位的负责任，而且也存有一定的风险。

2. 马克思故居

1997年5月，我去欧洲做了个专题调研，了解西方国家如何支持中小企业。这次我一共到了三个国家，分别是德国、英国和意大利。主要是访问当地的工商会、中小企业协会和参观中小企业。这次调研收获很大，回国后写出了调研报告，并在这次调研的基础上，专门在《中国中小企业》杂志上发表了一篇名为《建立中小企业贷款担保基金势在必行》的文章。这篇文章在国内影响比较大，据统计，国内数十家省、市专业刊物和数十家大学学刊都引用了我的文章。后来，各省市纷纷建立了中小企业贷款担保基金，并成立了中小企业担保公司。

马克思故居

调研期间，我利用礼拜天到了德国的特里尔市，专程拜访了马克思故居。马克思故居位于特里尔市布吕肯大街10号，是一座灰白色的三层楼房，淡黄色的粉墙、棕色的门楣和窗沿，乳白色的窗扉，是德国莱茵地区的典型建筑。它始建于1727年，1818年5月5日，马克思诞生在这里。

特里尔市是德国最古老的城市之一。公元前6年，罗马皇帝奥古斯都将这里打造成了后方重镇，比罗马早建1300多年，后来曾经是东罗马帝国的首都。

中国原主席华国锋同志曾经访问过这里。

3. 马克思墓

1990年，我作为山东省赴英国考察小组的成员第一次踏上英伦三岛。到英国一游这是我开始喜欢英语后的殷切希望。二十多年后，我终于有了这次机会，当时真令我喜出望外。我们这一代中国人，对马克思十分崇拜。早在中学时期，我就在中学课本上读到过关于马克思的故事。其中对我触动最大的一个故事，就是马克思留在大不列颠图书馆阅览室里的脚印。说的是马克思当年在大英图书馆里写作《资本论》，固定坐在一个座位上，每当读到令他兴奋的材料时，他都会情不自禁地跺一下脚，数年下来，桌子下面的水泥地板上竟然磨出了他的脚印。另外一个，就是恩格斯在马克思墓前的讲话。这两个故事发生的地点就在英国伦敦。因此，我决定，无论如何也要忙中偷闲到大不列颠图书馆和马克思墓看一下。俗话说："心想事成。"到了英国后，我们利用礼拜天休息的机会，终于如愿以偿。我先去了大不列颠图书馆，它坐落在伦敦尤斯顿路96号，是世界上最大的学术图书馆之一。我边走边问直接去了阅览室，到了那里就问阅览室的管理人员，马克思读书的位置在哪里？得到的回答却令我十分失望。她首先说"不知道"，然后告诉我，阅览室里从来就没有留下过什么马克思的脚印。她又说，许多中国人都曾经来这里打听过相同的故事，但是，这个故事从来就没有发生过，可能是你们中国人编造出来的。然后，我又向她打听马克思墓在什么地方，她立即告诉了我。按照她提供的地址，我仍然是边走边打听。不过，出了大不列颠图书馆，再询问马克思墓就遇到了不少的麻烦。因为，许多人都不知道马克思是何许人。好不容易问到了一个人，他想了半天才忽然想起来马克思无非是一个不怎么出名的作家。至于什么马克思主义和导师之类的事，他似乎一点都不知道。不同意识形态的人们思想差距竟然这么大！我们心目中伟大的革命导师，当地人却浑然不知，不知其名，更不知其事。经过一番周折，我最终找到了马克思墓。它位于伦敦北郊的海格特地区，该墓地名叫海格特公墓，规模很大。

进了公墓，两旁花木之中既有精美绝伦的墓穴，也有破落衰败的残坟。经过个把钟头的寻找，我终于找到了马克思墓。一座长方体的墓碑，马克思的青铜头像端放在墓碑上方，墓地整洁肃穆，光滑的大理石墓碑上镌刻着的马克思名言“全世界无产者联合起来”依然在阳光下金光闪烁。眼前的马克思墓经历了岁月沧桑，依然是那么庄严、肃穆和整洁。这时候，天色已经渐渐地暗了下来。我深深地朝马克思墓碑鞠了三个躬，然后就匆匆地离开了墓地。

马克思墓

4. 列宁陵

1999 年 10 月，我带领山东省部分企业，随国家经贸委去俄罗斯举办“中国机电产品博览会”。利用这次机会，我瞻仰了列宁陵。列宁陵位于克里姆林宫前面，虽然没有中山陵那样气派，但仍然庄严肃穆，令人肃然起敬。每天拜谒列宁陵的人络绎不绝，参观者必须按次序排着队进入列宁陵。列宁的遗体保存完好，他静静地躺在水晶棺中，面容慈祥、刚毅，栩栩如生。

我小时候看过一本关于列宁读书的书。书中说，列宁由于参加革命活动，只在大学里读了一年半的书就被学校当局开除了。列宁离开大学校门的时候，暗暗下定决心："我一定要大学毕业！"从此之后，他开始在家中刻苦攻读，他制订了自己的日常学习计划，每天严格按着这个计划进行自学，似乎每天都有一位最严格的老师在督导他。通过不到两年的时间，他完成了在大学四年的全部课程。其中，用了半年的时间，他攻克了学习英语的难关，最后，竟然以最优异的成绩取得了大学毕业证书，实现了他"一定要大学毕业"的诺言。因此，自从小时候，列宁的高大形象就已经深深地印在我的脑海里。我热爱列宁、崇拜列宁，我一直把列宁当作自己学习的榜样。我的自学成功与列宁榜样的作用是分不开的。

5. 曼德拉故居

曼德拉是前南非总统，著名的黑人领袖。曼德拉故居有两处：一处是他的出生地，坐落在库努村；另一处位于约翰内斯堡索韦托，是一套不足三十平方的平房。库奴村位于狭窄而杂草丛生的山谷，清清的小河在这里相互交错，村子被环抱于青山之中。这里不过居住着几百人，都是清一色的茅草房。这种茅草房的结构如同蜂窝，墙是泥巴墙，房中央立着一根柱子，支撑着用草搭成的锥形房顶。地面是用粉碎了的蚁巢上面的土丘硬壳铺成的，通过定期涂上新鲜牛粪使它保持光滑。烟从房顶上冒出，房子唯一与外面相通的就是一个低矮的门道，人们必须弯下腰才能从门道里通过。居住区内的茅草房一般是成组建造的，并且选择在玉米地附近。在那里没有大路，只有被赤脚的小孩和妇女们在草地上踏出的羊肠小道。村子里的妇女和小孩身上都裹着用赭石染成的毯子，只有很少的基督教徒穿西式服装。牛、绵羊、山羊和马都在公共牧场上吃草。库奴周围的土地上大多没有树，只有远处的小山上有一片片丛生的白杨。

曼德拉就出生在这样的圆顶屋内

奥兰多西 8115 号曼德拉故居

位于库奴村的曼德拉故居是三座茅草房，一座用来做饭，一座用来睡觉，一座用来储藏东西。用来睡觉的那座房子里，没有家具，大家统统睡在席子上。曼德拉离开这处故居前从来没有见过枕头。房子里也没有桌椅板凳，来人时大家都席地而坐。房子里没有灶台或炉具，只有一个三脚锅。房间中心或房子外面点起火堆就可做饭。

曼德拉不到 5 岁的时候就成了一个牧童，在田野上照料牛羊。考撒人给牛加上了几乎神秘的色彩。他们不但把牛作为食物和财富的来源，而且也把它们看作上帝的赏赐和幸福的源泉。正是在田野里，他学会了如何用弹弓把飞着的鸟从天空打落，如何采集野生蜂蜜、水果和可食根类，如何直接从牛的乳房吸取热而甜的牛奶，如何在又清又凉的河中游泳，如何用线和一头磨尖的铁丝钓鱼。在这些时光中，曼德拉建立起对多岩石的草地、广阔的田野、美丽无华但自然清晰的地平线的热爱。

位于索韦托奥兰多西 8115 号的故居是一处租住房。奥兰多西是一个灰尘满布、到处是方盒子式小房子的一个区域，后来成了大索韦托的一个部分。“索韦托”是西南城镇的缩写。

这处房子月租金为 17 先令 6 便士，相当于人民币 20 多元。房子本身与数百处其他房子一样，都是沿着泥泞的街道建造在巴掌大小的一块地皮上。房顶是标准的铁皮房顶，地面是清一色的水泥地面，厨房不大，后面有斗大的卫生间。尽管外面有路灯，但由于房子都没有通电，所以房内点的是煤油灯。卧室很小，一张双人床几乎占满了整个房间。这些房子是城市管理部门专门为必须在城市附近居住的工作人员建造的。清贫、俭朴却成就了一代伟人。

2013 年曼德拉重病缠身，引起了世人的广泛关注。应多家媒体之邀，我专门写了《为曼德拉祈祷》一文，最终由《中国经济报告》于 2013 年 8 月 1 日刊出。《中国经济报告》是国务院发展研究年中心主管刊物，本文能在该杂志上刊登，体现了我国政府对曼德拉的关注。

6. 五国之父

西蒙·波利瓦尔是 19 世纪中期世界著名的政治家，在说西班牙语和葡萄牙语南美国家中他享有“民主英雄”“革命家”“解放者”之盛名。他领导玻利维亚、哥伦比亚、秘鲁、厄瓜多尔、巴拿马、委内瑞拉通过革命实现了独立。因此，有“五国之父”之称。最令人称道的是，他只领导人民打江山，而打下江山后，他自己拒绝坐江山。虽然连续取得了五国革命的胜利，但是他却坚持成功一个，立即成立议会，然后把国家权力交给议会管理，他自己坚决不执政，不当总统。这在国际上是绝无仅有的。特别感人的是，秘鲁独立后，秘鲁人民一致请求波利瓦尔担任他们的总统。但是，波利瓦尔最终谢绝人民的好意，坚决不接受人民的善意请求。于是，秘鲁人民送给他 100 万比索，以示谢意。波利瓦尔默默地收下了这份厚礼，然后询问秘鲁境内共有多少奴隶。有人回答说，共有 3000 人。他又问：“买一个奴隶需要多少钱？”对方回答：“身体健壮者大约需要 350 比索。”波利瓦尔立即说：“那好吧，除了你们赠给我的这 100 万比索，我还愿意倾我所有买下秘鲁所有的奴隶，让他们都获得自由！”他接着说：“如果一个国家不能让每一位国民都享有自由，那么，我帮助这个国家争取独立也就没有什么意义了。”

我对波利瓦尔十分敬佩，因此，利用这次到南美的机会，我瞻仰了波利瓦尔故居，近距离地感受波利瓦尔那伟大的人格魅力。

波利瓦尔故居位于波哥大特区，它白色的围墙，高高的大门，让人有高大、纯洁、庄严之感。院内繁花似锦，绿绿葱葱，象征波利瓦尔永葆革命青春，世世代代都活在世界人民的心中。波利瓦尔，全名西蒙·波利瓦尔（Simón Bolívar,）南美洲北部地区民族独立战争中最为重要的领导人，也是整个拉丁美洲反抗殖民统治的革命运动中最为杰出的领袖。

1783 年 7 月 24 日，波利瓦尔出生在委内瑞拉的加拉加斯一个大地主、大资本家家中。在他的家里，除了拥有大片种植园和 1000 多名奴隶之外，还有金矿、糖厂、房产以及呢绒商店等。与其他地主、资本家一样，他的家庭既是压迫者，又是被压迫者。对奴隶，他们压榨、剥削、奴役，凭借他们的金钱过着剥削人的生活。而另一方面，他们在政治上、经济上又受到西班牙殖民者的歧视、压制。所以，这些土生地主、资本家迫切希望推翻殖民统治，挣脱殖民枷锁。

西蒙·波利瓦尔塑像

西蒙·波利瓦尔故居大门

波利瓦尔的革命斗争足迹遍及整个南美洲，他一生参加过大小472次战役，为南美洲人民的解放立下了不朽功勋，也为世界人民抗击殖民侵略树立了榜样。

在波哥大，我们参观了波利瓦尔故居。这是波利瓦尔成年后居住时间最长的一处故居，而且，在他的女佣人的陪伴下，他在这里度过了一生最后的时光。这确实是位伟人，确实是位圣雄。人们思想境界高低的划分主要就是为“公”还是为“私”的问题。想想当今世上有些人物，口里喊着震天响的革命口号，但一旦手中有了一点权利，便为非作歹、不择手段地鱼肉人民，贪污、腐败、徇私、枉法。这种人实际上是些人渣，是人民的敌人，是革命的对象。

7. 亚马孙河

亚马孙河是拉丁美洲人民的骄傲。它风光旖旎，浩浩荡荡，千回百转，蜿蜒流经秘鲁、巴西、玻利维亚、厄瓜多尔、哥伦比亚和委内瑞拉等国，滋润着800万平方公里的广袤土地，孕育了世界最大的热带雨林，使亚马孙河流域成为世界上公认的最神秘的“生命王国”。

亚马孙河全长六千多公里，其支流有上千条，与干流共同组成了总长度达六万余公里的亚马孙河系网，其流域面积八百万平方公里左右，大部分在巴西境内。巴西人把亚马孙海潮称为“波波罗卡”，涌潮时游人争相前往。每逢涨潮，涛声震耳，声传数里，气势磅礴。

亚马孙河全景

亚马孙河局部

亚马孙流域植物种类之多居全球之冠。许多大树高六十多公尺，遮天蔽日，故旱地森林的地面光秃秃，只有一层腐烂的枝叶。涝地森林则情况迥异，灌木和乔木有板状基根，帮助维生。树冠由高至低分层，各层都充满生机。葛藤、兰花、凤梨科植物争相攀附高枝生长，其间栖息着猴子、树懒、蜂鸟、金刚鹦鹉、巨大蝴蝶和无数蝙蝠。

我曾经去过亚马孙国家公园。在那里荡舟钓鱼，并跟随当地人在夜深人静时乘小船到亚马孙河徒手抓鳄鱼。最让我得意的是，我在亚马孙国家公园曾经一展厨艺，用大家亲手钓来的食人鱼给大家做鱼汤，得到大家的一致赞赏。

那次，我在厨房中成了大师傅，而公园里的当地厨师倒成了我的小伙计，他高高兴兴地甘愿为我打下手。首先，我让他准备好必备的原料，其中包括花生油、醋、胡椒粉、葱蒜和味精。然后，我又让他烧了一大桶开水。一切准备就绪后，我开始掌勺烹饪。首先，我把大勺烧热后并倒入花生油，待油热后，把葱花放入勺内爆锅，然后将洗干净的食人鱼放入大勺内，将鱼煸好后放入适量的醋。待鱼完全熟透后，把准备好的开水倒入锅中，然后放入食盐用文火慢慢地熬，大约半个小时后，鱼汤变成了浓浓的乳白色，这时，锅中放入味精和蒜末并立即熄火。做完后，我先让给我打下手的大厨尝了尝，他尝后连连称赞说：“Very good! Very good! Very Very good!”

8. 里约热内卢的流浪儿童

里约热内卢（Rio de Janeiro）位于巴西东南部，是巴西的第三大城市，素有“狂欢节之都”之称。世界上许多信奉基督教的国家都有狂欢节，但论规模之大，参加者之众，内容之丰富，气氛之热烈，要首推巴西，而在巴西各大城市中，又数里约热内卢为最。每年的二月中下旬，巴西举国欢腾三天三夜。届时，里约热内卢的大街小巷张灯结彩，彩旗飞扬，到处披上了节日的盛装。人们倾城出动，潮水般涌上街头，男女老少个个浓妆艳抹，尽情地扭动腰肢，挥动双手，大跳桑巴舞。各种音乐、舞蹈、戏剧演出和比赛此起彼伏。盛大的化妆游行把节日欢庆活动推向高潮，大型彩车簇拥着选举产生的“国王”“王后”领先开路，浩浩荡荡的队伍中，魔鬼、天使、美女、妖仙、武士、达官、贵人、黑奴等各种奇形怪状的打扮令人眼花缭乱，目不暇接；观众为自己喜爱的人物喝彩叫好，投去鲜花和彩带。一年一度的狂欢节，淋漓尽致地表现出巴西人热情奔放的民族性格。狂欢节给里约热内卢人民带来了欢乐的同时，也给这座城市带来了不幸。狂欢节期间，有许多男女随意趟过了爱河，结果每年为里约热内卢诞生了许多孤儿。多数孤儿从一生下来就不知其父母是谁，因此多数都成为流浪儿，乞讨、抢劫成为他们的主要生计。这样一来，他们给当地的治安制造了不少的麻烦。当地警察与这些流浪儿之间的冲突时常发生。在这种背景下，一场关于警察枪杀流浪儿童的悲剧震惊了全世界。事情的经过是这样的：1993 年，八个流浪儿正露宿在坎德拉利亚教堂的广场上，几个下岗的警察近距离开枪将他们枪杀。为了防止这样的悲剧重演，也是为了纪念这八个被枪杀的流浪儿童，政府在该广场上树立起了 8 个流浪儿童的雕像，供游人瞻仰。

9. 里约热内卢贫民窟

贫民窟是里约热内卢夜间最亮的区域。最大的两个贫民窟分别位于狗面山和乌尔卡山的山坡上。白天，这里脏乱差，环境十分恶劣。但到了夜晚，从远处眺望，这里灯火通明，是里约热内卢最亮的地方。原来，贫民窟都是用废铁皮和废木板构建而成，俗称铁皮屋。这里小小的铁皮屋一个挨着一个，因此，照明灯的密度很大，一到夜晚，显得特别明亮。初来乍到的游客往往误认为是游玩的好去处，殊不知，贫民窟对游客来说是一个禁地。因为，误入贫民窟会遇上很大的麻烦，轻者财物被抢，重者则有生命危险。里约热内卢的海滩举世闻名，其数目和延伸长度为世界之最。全市共有海滩 72 处，其中最有名的海滩有两处，一个是科巴卡巴海滩，另一个是依巴内玛海滩。对于游客来说，里约热内卢除了贫民窟不能光顾，另外就是科巴卡巴海滩和依巴内玛海滩不能光顾，因为，抢劫游客的财务在这两处海滩上经常发生。

10. 贝隆夫人

艾薇塔是阿根廷前总统贝隆的夫人，一位由贫民身份跃居显赫地位的名女人。其短暂却正直的一生一直为阿根廷人民所深深景仰，被尊为阿根廷的国母。她的传奇经历为她国家的子民津津乐道，人们忘不了她对社会、劳工、教育所作出的贡献，其悲剧性的早逝（年仅 33 岁），令人惋惜。

艾薇塔，全名玛丽亚·爱娃·杜瓦蒂·贝隆，1919 年 4 月 6 日出生在阿根廷布宜诺斯艾利斯省一个名叫洛斯托铎斯（Los Toldos）的小城镇，其父母亲情况鲜为人知。有资料显示：艾薇塔的母亲是印第安人，她在家中排行老四。艾薇塔 7 岁时失去了父亲，她们一家过着入不敷出的贫苦生活，这使她幼年时期就感受到了社会的不公。她在自传中写到："直到我 11 岁的时候我仍然认为，穷人的存在像是草，富人的存在像是树，这是自然而然且合乎逻辑的事情。"后来，她发现"之所以有穷人存在，其原因在于富人太富"。从此之后，她再也不认为"穷人的存在像是草，富人的存在像是树，这是自然而然且合乎逻辑的事情"了。

在她 15 岁那年，艾薇塔为了让探戈舞歌手马加尔迪带她去布宜诺斯艾利斯，不惜以身相许。到了目的地，被抛弃的艾薇塔靠卖淫为生，专找能对她有所帮助的人睡觉，终于成了娱乐圈的名人。1943 年，阿根廷发生军事政变，艾薇塔遇见贝隆上校，他们相爱了。当贝隆被捕入狱期间，艾薇塔就以他的名义参加竞选。贝隆获释后他们结了婚，贝隆当上了阿根廷总统。1952 年，她病逝于阿根廷，其短暂却正直的一生一直为阿根廷人民所深深景仰。她的传奇经历不仅为她国家的子民津津乐道，还使她成了大量艺术作品的主角。

贝隆夫人

1976 年安德鲁·洛埃·韦伯（Andrew Lloyd Webster）

的歌剧“Evita”和同名音乐专辑在全世界引起了轰动。主题歌“Don’t Cry For Me Argentina”（阿根廷不要为我哭泣）无可争议地成了上个世纪70年代的经典，它凄婉雄壮，体现了阿根廷人民的民族精神。1996年，时过二十年，电影“Evita（《贝隆夫人》）”又引发了一场地震。该片正是改编自韦伯的同名歌剧，由阿伦·派克导演，歌坛天后麦当娜（Madonna）和安东尼奥·班德拉斯（Antonio Banderas）主演。该剧描写了艾薇塔的悲欢离合，大起大落，享尽荣华富贵，也尝遍心酸坎坷的一生：她出身贫寒，但对未来充满憧憬，经过不懈努力，终于使自己成为一颗耀眼的政治明星。艾薇塔的一生是传奇的一生，是跌宕起伏的一生，是深受阿根廷人民爱戴的一生。人们忘不了她对社会、劳工、教育所作出的贡献。

11. 但丁故居

但丁·阿利基埃里（1265～1321年）被恩格斯誉为“中世纪的最后一位诗人，同时又是新时代的最初一位诗人”。

但丁一生著作甚丰，其中最有价值的无疑是《神曲》。这部作品通过作者与地狱、炼狱及天国中各种著名人物的对话，反映出中古文化领域的成就和一些重大的问题，带有“百科全书”性质，从中也可隐约窥见文艺复兴时期人文主义思想的曙光。在这部长达一万四千余行的史诗中，但丁坚决反对中世纪的蒙昧主义，表达了执着地追求真理的思想，对欧洲后世的诗歌创作有极其深远的影响。

但丁故居

除《神曲》外，但丁还写了《新生》《飨宴》等著作。《新生》中包括三十一首抒情诗，主要抒发对贝亚特丽契的眷恋之情，质朴清丽，优美动人，在“温柔的新体”这一诗派的诗歌中，它达到了极高的成就。

我在1972年曾经在围场县阅读过《神曲》，当时能读到这本书确实是一件很幸运的事情，因为“文革”中能借到这本书很不容易。当时我正在部队，可能是沾了“解放军战士”这个身份的光，我才从围场县图书馆借到了它。我阅读的《神曲》是王维克通过法文本翻译成汉语的。翻译的水平很高，整本书就是一首长诗，既合辙押韵，又通俗流畅，读之令人舒服。由于这种背景，当我有机会踏上意大利这片神秘的国土时，瞻仰但丁故居的愿望也就油然而生了。

但丁故居（Casa di Dante）位于佛罗伦萨古城中心的圣玛格丽塔路 1 号，是设有中世纪塔楼的房屋，1911 年辟为博物馆。但丁故居看上去比较普通，与当时的普通居家没有什么不同。如果墙上没有那块显示但丁故居的牌子，很难让人想象这里就是文艺复兴巨匠但丁居住过的地方。令人遗憾的是，但丁故居平时并不对游人开放。因此，我只能驻足在门口，口里背诵着《神曲》中动人的诗文来感受这位伟人的生活气息。

12. 波哥大的黄金及其传说

哥伦比亚以开采黄金历史悠久、黄金制品精美而驰名世界，所以素有“黄金之国”的美称。在哥伦比亚首都有世界上独具一格的黄金博物馆，在安第斯山中还有一个充满神秘色彩的湖泊——黄金湖，就连圣菲波哥大的最大机场也叫黄金机场。

我只到过哥伦比亚的首都圣菲波哥大（Bogota）和距离圣菲波哥大不远的西帕拉基镇。在圣菲波哥大，我游览了商业区和黄金博物馆。黄金博物馆坐落在城市中心的一片绿树丛中。一进黄金博物馆，首先映入眼帘的是尼乌尔特的塑像，尼乌尔特是印第安人传说中主宰金银、舟楫和树木的神。黄金博物馆收藏了印第安人各种黄金制品 2.6

万件：有各种造型美观的装饰品，从头上戴的金簪，到脖子上戴的项链；从串挂在鼻孔上的鼻环，到戴在手腕上的手镯；从挂在胸腹前的方形金片，到保护男人下腹部的饰物，应有尽有。展品中的生产、生活用品有金镰、金刀、金斧、金棒、金铃铛，以及金碗、金杯、金盘等。特别是“金人”和“金蟾蜍”格外引人注目。在一个长近20厘米的金制的木筏上，站着11个金光闪闪的金人。姿态各异的金蟾蜍，表现了印第安人对这种生灵的崇敬心情。（蟾蜍在印第安人神话中是智慧的化身。）一些贵重的黄金展品陈列在一个叫“黄金大厅”的陈列室里。人们在漆黑的环境中走进展室，突然，灯光通明，在强烈灯光照射下，各种金器放出耀眼的光辉。置身其间，犹如进入一座黄金宫殿。

展品中让我印象最深的当属那艘黄金船。这是因为它不但制作精美绝伦，而且围绕着它还有一个美丽的传说和悲惨故事。据说，很久很久以前，奇布查族首领曾经带着大批黄金制品乘坐这种黄金船去瓜大维达湖朝拜神灵。每次朝拜后，他们都会把随身带来的黄金祭品连同黄金船一起投入湖中。久而久之，瓜大维达湖成了一个湖底堆满黄金的黄金湖。后来，这个美丽的传说为奇布卡族带来了灭顶之灾，奇布卡人的黄金也被西班牙殖民者洗劫一空，印加帝国的国王也被西班牙人杀害。看来，露富显摆什么时候也不是一件好事。

13. 戈戴娃夫人

据记载，戈黛娃（Godiva）于1040年出生在英国考文垂，其父亲是一位盎格鲁－撒克逊贵族。长大成人后，她被考文垂总督聘为夫人。这位总督对人民横征暴敛，使人民民不聊生，苦不堪言。戈戴娃十分同情考文垂人民，因此，多次劝其丈夫减免人民的税负。其丈夫对她很生气，于是就气愤地说："如果你能赤身露体地骑着马在考文垂大街上走一趟，我就答应你的请求，减免老百姓的税收！"本来这是一句气话，但是，戈戴娃却真的这样做了。后来，总督只好遵守自己的诺言，减免了考文垂老百姓的税收。

戈戴娃赤身骑马穿过考文垂大街

据说，在戈戴娃裸体骑马穿过大街时，考文垂的人民家家户户关门闭窗，足不出户。只有一个裁缝通过一个小窗偷看了戈戴娃夫人，但他立即双目失明。据说这是上帝对他的处罚。从此之后，戈戴娃成了人民的英雄。

我去英国之前，曾经在济南市参与接待了一个考文垂考察团，他们当时给了我一个小礼品，是一柄小宝剑，剑柄末端有一个漂亮的女人头像，那就是戈戴娃的头像。考察团的卡罗博士曾经给我讲了戈戴娃的故事。后来，我有机会两次去英国，因此也就两次去了考文垂，实地考察了戈戴娃夫人的传说。

14. 温莎堡

温莎堡（Windsor Castle）位于英国英格兰东南部区域伯克郡温莎－梅登黑德皇家自治市镇温莎，是世界上有人居住的城堡中最大的一个。温莎堡是英国君主主要的行政官邸。现任的英国女王伊丽莎白二世每年有相当多的时间在温莎堡度过，在这里进行国家或是私人的娱乐活动。同时，著名的“不爱江山爱美人”的故事就是发生在这里。

英国国王爱德华八世是维多利亚女王的长孙、乔治六世的哥哥、今天英国女王伊丽莎白二世的伯父。1910年5月6日，其父乔治五世继位，他即自动成为康沃尔公爵、罗萨西公爵、卡力克伯爵、伦弗鲁男爵、苏格兰外岛勋爵。1936 年 1 月 20 日，其父驾崩他继位，至 1936 年 12 月 11 日退位，当了不到一年的大不列颠及北爱尔兰联合王国国王、英属海外各自治国的国王和印度皇帝。退位后他得到温莎公爵的头衔。爱德华是唯一一位自愿退位的英国君主，而他退位的原因却是为了两个字——爱情。这个使得他抛弃自己应有政治地位的女人，是一个结过两次婚的美国女人辛普森夫人。这位温莎公爵爱德华和辛普森夫人的爱情故事是近代以来最被人们津津乐道的一个爱情故事，直到如今还被广为流传。

温莎堡

1936 年 12 月 11 日，成千上万个国王的支持者听到了收音机里传来的国王爱德华八世宣布退位的声明，泪流满面地瘫倒在地。在不列颠帝国将近千年的历史中，还没有一位国王会主动退位。这件事在欧洲的上流社会眼里无异于大逆不道。在当时的欧洲主流社会，人们还无法给这件事情以充分的宽容和认同。也许他们的举动里面还包含有对这份爱情极大的敬意，他们是怀着一种无可奈何的心情看着自己爱戴的国王走下王位的。爱德华失去了他的王位和他的王国，但是得到了他最珍视的爱情。1937 年 6 月 3 日温莎公爵跟沃丽斯·辛普森在法国举行了私人婚礼，英国王室的成员一个也没有出席。

1972 年爱德华去世后，辛普森夫人以温莎公爵夫人的身份把自己丈夫的遗体送回英国，参加国葬。整个英伦三岛举国上下一片悲声。在这个时候，认同他们爱情的人，已经比几十年前要多许多了。人们把他们看作是为爱情献身的经典。

现在想起来，没有他们的爱情，整个历史也许会被改变，现任的女王也许永远不会出现。为了爱情而抛弃王位的君主，从国家民族的角度来看，是不负责任的；从人性的角度来看，是把爱情当作自己毕生的信仰，是“人”这个概念的最完美的诠释。

当初爱德华八世的身边谋士曾劝他以王位为重，结束与辛普森夫人的来往，他的回答却是：“我现在所知道的最高责任是考虑自己配不配当沃丽斯的丈夫，我所向往的幸福就是永远同她在一起。”这是一场有代价的爱情，这个代价在蔑视爱情的人的面前是泰山，但是，在珍视爱情的人的面前什么也不是。

15. 砸车贼

西班牙我去过四次，先后去过马德里、巴塞罗那、撒勒格萨、托莱多古城、塞维利亚、特莱多、科尔多瓦等省市。西班牙的风土人情和光荣的历史给我留下了深刻的印象。除了好的印象外，一次遭遇砸车贼的经历也在我的西班牙记忆中留下了一点阴影。

那是我第三次踏上西班牙国土期间发生的事情。在导游的带领下，我们一行五人去巴塞罗那的海边去观光。当时是西班牙的盛夏，我们也想借此机会畅游一下地中海，因此，我们事先早就准备了游泳裤头。到了海边后，导游兼司机首先把车停在了距离海水浴场比较近的地方，并且告诉我们可以把东西放在车内，他将为我们看管。当时，我们警惕性比较高，依然把比较贵重的东西，其中包括录像机和照相机都随身携带在身边，只把部分不值钱的物品留在了车上。当我们步入海滩，走近海边后发现海中风浪比较大，虽然游泳的人不算少，但是我的几位朋友都改变了主意，放弃了游泳的打算。于是，最终我们团组只剩下我一个人毫不动摇地下了海。当我正在慢慢地朝大海深处游去的时候，我忽然隐隐约约听到团友的呼喊声，于是，我立即停下来往沙滩上张望，这时我才听清楚他们呼喊我赶快上岸。于是，我赶快调转方向往回游。上了岸，团友告诉我，我们的汽车玻璃被砸了，导游让我们赶快回去，看是否丢失了物品。我赶忙穿上衣服，然后与团友一起来到了出事地点。我首先问导游到底是怎么回事，我说："你在附近看着怎么会让小偷砸了车窗？"他回答说："你们下车后，我锁上车门，就找了个离停车的地点不远的地方坐下来休息。不大一会儿，我听到了砸玻璃的声音，于是我赶忙回到我们的车旁，这时才发现我们的车玻璃被砸了。你们先看看是否丢了东西。"我们立即上了车检查我们的物品。经过检查，发现损失并不大，除了我的挎包内丢失了一个 MP3 和少量的零用钱之外，其余都安然无恙。幸亏我们没有听导游的话，录像机和照相机都没有留在车上，不然，我们的损失就大了。这时，我们发现有两个警察骑着摩托风驰电掣般地赶到了现场。原来，导游在第一时间就报了警。警察详细地询问了有关情况并做了笔录。然后，警察说，这里是盗窃事件多发地带，因此，到这里来游玩，一定要注意安全。现在，我们已经对与这次赃车盗窃案件立了案，破案后，我们会通知你们。事件就这样过去了。虽然我们的损失并不大，但是，远离家乡发生这样的事，无论如何都让人扫兴。

16. 地拉那与都拉斯

作为 20 世纪 50 年代出生的一代中国人都很熟悉阿尔巴尼亚。可以说，我们这一代人是唱着"北京－地拉那"

和“海内存知己”成长起来的。这两首歌曲的歌词把中国与阿尔巴尼亚之间的友谊表达得非常到位。阿尔巴尼亚曾经是中国最友好的国家。

没想到，2009 年，我获得了一次去阿尔巴尼亚的机会。阿尔巴尼亚人民对中国人民十分友好，似乎中国人无论走到阿尔巴尼亚的什么地方都会感觉到这一点。

斯坎德培横刀立马的青铜雕像

在到达地拉那之前，我们被告知，到达地拉那后，入关时除了需要交正常的进关费用外，每个人还要额外交 10 欧元的落地签证费。因此，入关时我已经把费用准备好，并在通关时交上了各种费用，其中包括每人 10 欧元的落地签证费。但是，一位海关官员却主动地告诉我，中国人来阿尔巴尼亚不需要交落地签证费。之后，她还帮助我与负责收费的官员交涉，退还了我们已经交了的落地签证费。我们一进阿尔巴尼亚就感觉到了中阿之间的特殊友谊。

地拉那广场一角

负责接待我们的是一位地地道道的阿尔巴尼亚人，但他的中国话说得特别好。经过接触，我们才知道，他曾经在北京大学留过学，并且曾经受到过周恩来总理的接见。看得出来，他对中国十分友好。在他的安排下，我们在阿尔巴尼亚参观游览了两天，对阿尔巴尼亚留下了极其深刻的印象。

通过两天的亲身体验，除了友好的感觉外，我们也感觉到阿尔巴尼亚的经济并不好，与我们改革开放之前情况差不多。地拉那虽然是阿尔巴尼亚的首都，但是我们感觉不到作为一国首都的辉煌和繁荣。首先，地拉那满城尽是破破烂烂的旧汽车，虽然这些汽车多数都是奔驰、宝马之类的名牌，但是车况都很糟糕。据说，这些汽车都是阿尔巴尼亚人到周边国家打工带回来的二手货，价格便宜得惊人。另外，作为地拉那标志性的斯坎德培（Skenderbe）广场，状况也不太好，坑坑洼洼随处都能看到。该广场有一尊最醒目的雕像，他就是阿尔巴尼亚民族英雄斯坎德培横刀立马的青铜雕像。

都拉斯是阿尔巴尼亚最大的海港，是欧洲最古老城市之一，建成于公元前七世纪。杜拉斯面向亚得利亚海，与意大利隔海相望，是风景优美的海滨旅游城市。都拉斯1914年－1919年是阿尔巴尼亚的首都，距离地拉那只有40公里，两市之间有高速公路连接，是旅游疗养的好地方。

罗马帝国时期，都拉斯曾经被意大利人占领，意大利人曾经在这里建起众多建筑，古城墙和古罗马竞技场现在仍然清晰可见。

17. 巴斯

巴斯是英文词“Bath”的中文音译，本来是沐浴的意思。在历史发展的长河中，巴斯变成了一个城市名。巴斯位于伦敦西部约两百公里处。早在两千年前，古罗马帝国就在此建立了温泉浴池，成为当时世界上最大的温泉浴场。现今的罗马浴场仍保留着罗马时期的原貌，堪称人类文明史上的一个奇迹。

18 世纪，英国政府将巴斯设计成了具有乔治王朝风格的城镇，从而使它逐渐成为一个举世闻名的旅游区。社会名流常常来此度假，其中包括维多利亚女王和名作家狄更斯。

巴斯依山傍水而建，整个城市建筑高低错落有致。楼房外墙普遍是蜂蜜色，屋顶则是石灰色，街道上有修剪整齐的绿树及绿草坪，配上流过城市的埃文河和起伏有致的山丘，搭眼一看，一片旖旎的田园风光立即涌入了游客的眼帘。

古罗马帝国时代的温泉浴池

巴斯至今仍保留着具有意大利风格的建筑，横跨在埃文河上的普特尼桥就是一个范例。走到河岸边看到普特尼桥，立即令人有一种置身于佛罗伦萨的感觉。这座桥太像佛罗伦萨那座赫赫有名的旧桥了！

我虽然在巴斯停留的时间很短，但巴斯却给我留下了很深的印象。这种印象将永远留在我的记忆里。

18. 莎士比亚故居

斯特拉福镇位于英国中西部的埃文河畔。它风光秀丽，气候宜人，水陆交通都十分便利。著名的莎士比亚故居就坐落在这座小镇上。与莎士比亚有关的建筑大多保存至今，仍然保留着它们的原样。

莎士比亚故居

故居门口挂有一块用花体英文写的“威廉·莎士比亚故居”的木牌子。这是一座典型的伊丽莎白时代的普通民居，故居上下两层，房顶建有小阁楼。房子采用框架结构，框架全部采用大型橡木，框架形成的格子多为方形，另外还有长方形和三角形。格子内用榛木棒组成篱笆，篱笆外用泥巴泥平，然后用石灰抹平，形成灰白色墙板，与裸露的深褐色橡木框架形成排列整齐而漂亮的格子，使房子显得古色古香，别具一格。花园主要表现了19世纪中期的面貌，园内种植的花草树木都曾经在莎士比亚的作品中提到过。莎士比亚是一位平民作家，他祖先世代务农，到了他父亲一代，才搬到这个小镇，以生产、经营手套为生。这座房屋其实也可以说就是他们家的手工作坊。

莎士比亚从小就表现出了戏剧方面的天才，经常向来镇上演出的艺人们请教学习，立志投身戏剧界。经过不屈不挠的奋斗，他在戏剧界独领风骚，名闻遐迩。但因出身卑微，而受到当时英国贵族们的鄙视。但是，历史已给予莎士比亚公正的评价。

250多年以来，莎士比亚出生的地方一直被其崇拜者所尊崇。在19世纪的参观者中，有许多著名人士，其中包括约翰·济慈、玛丽亚·埃奇沃思、沃尔特·斯科特、托马斯·卡莱尔、查理斯·狄更斯、阿弗瑞德·丁尼生、哈里特·比彻·斯托、赫尔曼·梅尔维尔、亨利·朗费罗、马克·吐温、托马斯·哈代。

十字过道尽头是莎士比亚的父亲的手工作坊，这里陈设着16世纪人们用过的兽皮、手套、钱包等样品，另外还有当时整理和切割兽皮以及缝制手套用的工具。

过几条街道便是莎士比亚晚年居住过的地方——“新地方”。这里的老房子早在18世纪已经被拆除。现在的新房子曾经归托马斯·纳什所有。纳什是当时斯特拉福镇的地产商，十分富有。1626年，纳什与莎士比亚的孙女伊丽莎白·霍尔结婚，十年后纳什突然死亡，因而新房子被伊丽莎白的父母所占有。

在莎士比亚买下“新地方”的时候，房子周围有一片开阔的空地，在房产契约中提到了两个花园和两个果园。这两个花园和两个果园现在都成了花园，一个被称作“格子花园”，另一个被称作“大花园”。格子花园内有四块格子状的低矮植物带，低矮植物带之间种有花卉。

沿着蔓藤花架可以从格子花园走到露天平台，从这里可以俯瞰大花园。大花园内有短叶紫杉树篱、整齐排列的草坪和花卉。这里距离游客服务中心很近，是游客休息的好地方。

莎士比亚 1616 年逝世，年仅 52 岁。他的英年早逝成为人类文化史上一个永远无法弥补的遗憾。莎士比亚死后葬在圣三一教堂。我们下午到达这里的时候，太阳已经快要落山了。我们匆匆走进教堂并径直走向莎士比亚的陵寝。站立在莎士比亚的陵寝前顿时使我们肃然起敬。莎士比亚生前为世界人民留下了许多脍炙人口的不朽作品，马克思把他和古希腊悲剧诗人埃斯库罗斯看作是“世界上迄今为止的两个最伟大的天才戏剧家”，他的人生不但属于英伦三岛，而且也属于世界。世界人民将永远纪念他！

19. 托尔斯泰故居

托尔斯泰的故乡图拉是一个朴素的城市，距莫斯科只有180公里。上午11点之前，我乘汽车从莫斯科到达了图拉，来到了向往已久的托尔斯泰故居——雅斯纳雅·波良纳庄园。

雅斯纳雅·波良纳庄园很大，足足有几百亩地。里面不但有两座白色的小楼，而且有森林和湖泊。夕阳下的托尔斯泰庄园美得如同一幅重彩的油画，望不到边的森林金色斑驳，充满着盎然生机，静静的湖水清澈见底，原木构成的小桥及随处可见的连椅透着一派乡村气息。当时是10月初，枯黄色的树叶落满了大地。我踏着金黄色的树叶走进了森林。庄园里游人三五成群，穿行在林间小路上，尽情游览这令人心醉的迷人的风景。路边有简朴的木牌，上边书写着从托尔斯泰作品里摘录的名言佳句，读着这些优美的句子，我仿佛听到托尔斯泰正在娓娓动听地讲述着他那动人的故事。

托尔斯泰出生在雅斯纳雅·波良纳，他的父亲列弗·尼古拉·耶维奇·托尔斯泰，是1812年爱国战争中的老兵。他在列弗·尼古拉·耶维奇·托尔斯泰五个子女中排行第四。他幼年父母双亡，他和他的兄弟姊妹都是由他的亲戚养大的。1844年，托尔斯泰进入喀山大学法律和东方语言系，

托尔斯泰雕塑

在他老师的印象中，他是一个不能学习也不想学习的学生。托尔斯泰中途退学回到了他的故乡。后来，他在莫斯科和圣彼得堡度过了很长时间。1851 年，由于参加赌博而欠下了沉重的赌债，迫不得已，他同他的哥哥一起去了高加索并在那里参了军。从此之后，他开始了写作生涯。

托尔斯泰故居大门

在激情满怀的燃烧下，托尔斯泰最终回到了他的故乡，他在故乡一气建立了 13 处学校，免费为农奴的子女提供学习机会。他所遵循的教育理念全部体现在他的著作《雅斯纳雅·波良纳随笔》之中。他的这一著作和实践被公认为“民主教育”的典范。

庄园内的两座白色小楼就在庄园大门内的不远处，一座是托尔斯泰的居所，里面除了他生前用过的家具，还展示着他的许多作品及部分手稿。另外一座则是他亲自建立的13所学校之一，托尔斯泰经常在这里为这些孩子们授课。

托尔斯泰故居中的湖畔

托尔斯泰墓

托尔斯泰死于1910年，享年82岁。在他最后的几天里，他谈到和写到了死，他宣布放弃贵族生活方式，最终鼓起勇气离开他的夫人，在一个寒冷而又漆黑的夜晚，他离开了自己的家。晚年的托尔斯泰在思想上完全站到了苦难农民的立场上。他放弃了身为贵族的种种特权，想把自己庄园的土地分给农民。他抨击东正教会的虚伪，直至被教会驱逐而无悔，因此他被千百万笃信宗教的农民视为真正的教皇。托尔斯泰死后，家人按照他的遗愿将他安葬在庄园内的一片树林里，他默默地安睡在这里，直到旁边的小树长成了粗壮的大树，直到岁月的流逝将小河变成长满树木和花草的沟壑。在这个没有任何标志的墓前，游客和“朝圣者”能够触摸到他的灵魂，能够沐浴到他的思想的光芒。

20. 津巴布韦

2003 年，我游览了津巴布韦。

津巴布韦，位于非洲大陆东南部，是一个历史悠久、自然风光十分美丽的国家。该国以高原为主，尤其是中部的高地草原，堪称全境地形的脊柱，多数河流都发源于此地。

维多利亚瀑布是世界著名的第二大瀑布，是赞比西河流经大峡谷形成的奇观。瀑布跌落高度 108 米，宽 1705 米，年均水流量每秒 1400 立方，雨季可达每秒 5000 立方。瀑布跌落峡谷时激起水声轰鸣、水雾冲天，不穿雨衣，瞬间便使你变成落汤鸡。地球上很少有如此壮观、如此美丽、如此惊心动魄的瀑布。1989 年，维多利亚瀑布被列入了世界自然遗产。

维多利亚瀑布

维多利亚瀑布位于津巴布韦和赞比亚的交界处，以瀑布桥为界桥，桥南属津巴布韦，桥北属赞比亚。150 多年前，苏格兰探险家利文斯通发现了它，并以当时的英国女王的名字命名，故称维多利亚瀑布。赞比西河流经 1700 多米宽的峡谷垂直跌落 100 米左右，瀑布喷溅出的浪花有 400 多米高，有时甚至达到 800 多米高，远在 48 公里之外即可清晰可见。喷溅的浪花中可以看见美丽的月虹，但是，洪峰季节却无法看到瀑布的底部和大部瀑布的真面目。沿着对面的悬崖上行走可以看见水雾缭绕的巨大水幕。走近悬崖，可见向上喷溅的浪花像暴雨倒悬，景象分外壮观！维多利亚瀑布被分成四个部分，按着从津巴布韦到赞比亚的先后顺序，有魔鬼瀑布、主瀑布、虹瀑布和东瀑布。除了瀑布，津巴布韦另一个看点当属面包树。这种树树龄上千年，至今枝繁叶茂，生机盎然。

维多利亚瀑布周围有许多狒狒，它们拖儿带女、成群结队地游走于游客之间，有的攀爬在路旁的树上，任凭游客与其拍照留念。

津巴布韦的酒店也别具特色，看上去都是草舍，但房间装修却十分豪华，周围环境设计优美，湖泊、花园、游廊亭榭、应有尽有，堪比四星、五星级大酒店。酒店内治安不太好，小偷小摸时有发生，作案者常是狒狒！

21. 莫雷诺冰川

卡拉法特是阿根廷南部的一个小镇，我们于 3 月 11 日从火地岛乘汽车抵达卡拉法特。我们在小镇上住了一夜，第二天用过早餐后，立刻乘汽车前去莫雷诺冰川。汽车行驶不到一个小时，冰川就远远地进入了我们的视野。远眺冰川白茫茫一片从山涧倾泻而下，宛如一条银龙从天而降；近看却千姿百态，有的像飞禽走兽，有的像人物浮天，有的像晶莹璀璨的珊瑚。

莫雷诺冰川（Moreno Glacier）位于阿根廷圣克鲁斯

省境内，是世界八大景之一，也是地球上冰雪仍在向前推进的少数活冰川之一，有最有“动感”的冰川之美誉。1988年之前，每四年才发生一次“崩溃”现象，现在因为大气污染、温度上升，使冰川每20分钟就“崩溃”一次，随着声声震耳欲聋的响声，一块块巨大的冰块从高而陡峭的冰川上崩塌并沉入阿根廷湖，让人屏息凝注，无比震撼！

莫雷诺冰川有20层楼之高，绵延30多公里，有20万年历史，在冰川界尚属“年轻”一族。目前，莫雷诺冰川似一堵巨大的“冰墙”，每天都在以30厘米的速度向前推进，身临其下，似乎感受到冰川时代的气息。

莫雷诺冰川

莫雷诺冰川是世界上唯一一个旅游者可以轻松接近

的冰川，也是除了南极洲和格陵兰岛之外全球最大的终年积雪带。

莫雷诺冰川

22. 迷人的东角

埃斯特角城直译“东角”，是乌拉圭南部海岸的游览和疗养城市，坐落在向大西洋突出的狭长半岛上，西距蒙得维的亚约110多公里。海岸多优良沙滩，气候宜人，风景美丽，为世界著名游览和疗养胜地。

乌拉圭埃斯特角城原为一个安静的渔村，19世纪50年代成为拉丁美洲最受欢迎的旅游胜地之一。在历经独裁统治和经济萧条之后，如今埃斯特角城正吸引着富豪们的视线。

乌拉圭世界贸易谈判的小楼

也许埃斯特角城的复兴是必然的。经历了上世纪50年代的历史性变革，它已从一个宁静的渔村发展成为南美很有吸引力的城市，与哈瓦那和圣胡安相比一点也不逊色。在这里曾经举行过数次著名的世界贸易谈判，埃斯特角城也因此而蜚声世界。

东角城风景区以溺水手塑为分界点分成了两个区，一个是布拉瓦区，另一个是曼萨区。布拉瓦是西班牙文的音译，原意是“凶猛”，在这里警示海浪的凶猛，请游泳者注意安全；曼萨西班牙文原意是“温顺”，提醒游客，可以在这里游泳。两者的沙滩也有显著区别，前者系金色的粗沙滩，而后者则是非常细腻的白色沙滩。布拉瓦和曼萨分别标志拉普拉塔联邦的终结和大西洋的开始。两个区域都对游客开放。白天，有许多人在拉巴拉举行海上运动和钓鱼，夜晚，拉巴拉则变成青年人聚集的中心。从每年的12月末至来年元月第二周末，拉巴拉又成为当地人和游客夜晚聚集在一起举行各种庆典活动的场所。

手塑是智利艺术家马力奥的作品。1982年，他参加了在这里举行的首届现代雕塑国际大会，他是最年轻的一位艺术家。当时举行了露天雕塑大赛，他决定在沙滩上雕塑一个溺水者漏出水面的一只手，用来警示游泳者：此处游泳危险。马里奥用了整整一个夏季的时间完成了自己的雕塑，从此后，这只栩栩如生的手塑成了东角城的标志性符号。那个夏季，来自世界各地的艺术家在海滩上创造了多个雕塑，但只有马里奥的手塑至今仍然屹立在海滩上，成为来此一游的游客争相留影的好去处。马里奥因此而一跃成名，成为世界知名的艺术家。他的作品在马德里、阿塔卡马沙漠和威尼斯都可以见到。

高乐罗大街是东角城的主要大街，这里有许多商店、饭店、影院和赌场。

23. 火地岛

火地岛是南美洲最南端的群岛，也是拉丁美洲最大的岛屿。据考证，最早在火地岛居住的人类是雅甘人，在纳瓦里诺岛等地发现了雅甘人的定居点及其文化遗迹。火地岛这个名字与葡萄牙探险家弗迪南德·麦哲伦来这里探险有关。1520 年，麦哲伦就来到了这里，他是来这里探险的欧洲第一人。当他到达比格尔海峡时，他首先发现了这里的堆堆焰火，他误认为这些焰火是雅甘人的信号，雅甘人正隐藏在森林内准备袭击他的船队。他开始把这里称作“焰火之地”，后来焰火之地演变成了“火地岛”。

19 世纪中后期，智利人和阿根廷人开始来火地岛进行宗教活动，他们在里奥格兰德和道森岛成立了方济各·撒助爵教会。1855 年和 1870 年，英国在主岛——乌斯怀亚成立了英国圣公会，托马斯·布里奇斯开始学习和研究当地语言，并编纂了“扬甘词典和语法”。

1879 年，智利探险队在拉蒙·塞兰纳·蒙塔纳尔的带领下在火地岛河谷发现了黄金，从而引发了大批移民来火地岛淘金，于是，引发了外来移民与当地印第安人之间的冲突。

朱丽叶斯·波珀是火地岛最成功的企业家，阿根廷政府授予他在火地岛淘金的权力。他一直被人们认为是屠杀当地印第安人的核心人物，尽管教会在保护当地印第安人方面做了大量工作，但是，印第安人现在已经接近绝迹，所剩无几的印第安人现在主要居住在纳瓦里诺岛上的乌吉卡村，其他为数不多的印第安人零星居住在智利和阿根廷的其他偏远地带。在布宜诺斯艾里斯有一组塑像，标题就叫“最后的印第安人”。

最后的印第安人

很久以来，智利和阿根廷之间一直在火地岛归属问题上存在着边界之争。随着《1881 年边界条约》的签订，火地岛以麦哲伦海峡为界划分成两部分，其南面划归智利拥有，而北面划归阿根廷，边界之争从此得到解决。

火地岛的冰川风光别具一格。冰川奇形怪状，雪山重峦叠嶂，湖泊星罗棋布。最大的法尼亚诺冰川湖方圆数百平方公里。周围群山环抱，森林密布，湖水清澈且宁静，风光十分迷人。火地岛的夏天是最美的，白天长达近 20 个小时，半夜 23 时太阳才落入海面，凌晨四五点钟，太阳又升起来。由于岛上的动植物资源保存较好，岛上有不怕人的海豹和企鹅，有优良品种的羊和众多的野兔，茂盛的山毛榉树构成了森林的主体。在岛南面的比格尔海峡一带，还时常有巨大、珍贵的蓝鲸出没。另外，火地岛的印第安人的流浪式生活和风俗也独具特色。他们的房子非常简单，就是在地上插几根木棍，再搭上几张骆马皮，很像我们所说的窝棚。特殊的地域、神奇的自然和人文景观，吸引了来自世界的旅游者。

阿根廷于1960年在岛上建立了国家公园。公园内有观光小火车，游人可以乘坐小火车在园内观光。公园里原始而美丽的风景令人陶醉，令人流连忘返。

火地岛自然风光

在麦哲伦发现火地岛之前，居住在火地岛上的印第安人主要以打渔为生，生活原始而安逸。后来，随着欧洲殖民主义者的到来，当地土生土长的印第安人几乎被斩尽杀绝。现在，火地岛已经看不到印第安人。生活在岛上的居民，几乎是清一色的欧洲人后裔。

现在，火地岛已经成为世界旅游胜地，当地的经济几乎全部依靠旅游。到这里旅游的人，不但可以在岛上观光旅游，也可以乘船在比格尔海峡观看鲸鱼、海狗和各种临近南极的海洋动物。

火地岛观光小火车

24. 赤道上的国家厄瓜多尔

厄瓜多尔是一个位于赤道线上的国家，赤道横贯国境北部。厄瓜多尔是西班牙语，是“赤道”的意思。安第斯山脉纵贯国境中部，全国分为西部沿海、中部山地和东部地区三个部分。境内山脊纵横交错，峰高谷深。钦博拉索峰位于安第斯山脉西科迪勒拉山，曾长期被误认为是安第斯山脉的最高峰。它是一座休眠火山，有许多火山口。山顶多冰川，海拔 4694 米，终年积雪。

在厄瓜多尔我游览了厄瓜多尔的首都基多和赤道公园。厄瓜多尔虽然临近赤道，但因地势高峻，所以气候宜人，四季如春，是理想的避暑胜地。基多原为古老的印第安人城市，是印加帝国北部疆土的首都，城市建设与自然环境巧妙地融为一体，1979 年被联合国教育、科学及文化组织列入世界文化与自然遗产保护名录。

厄瓜多尔赤道公园

赤道公园位于都基多以北 27 公里处。进入赤道公园首先要穿过一条宽阔的大道，两边是 13 位科学家的半身雕像，他们分别来自法国、西班牙和厄瓜多尔，都是曾为测定赤道位置做出卓越贡献的人。赤道公园的核心建筑就是巍峨高大的纪念碑，它高 30 米，顶端是一个直径 4.5 米、重约 4 吨的铜铸地球仪，正中部位有一道红线，这条红线就是赤道的准确位置，地球正是从这里被一分为二，分成了南、北两个半球。因此，厄瓜多尔人称这座纪念碑为“世界之分野”。每年 3 月 31 日和 9 月 23 日的正午时分，太阳直射赤道。厄瓜多尔人便在此举行盛大的迎接太阳神的活动，感谢太阳给人类带来温暖和光明。来这里参观的游客都喜欢两脚平踏在石阶的白线两边拍照留念。

由于地球自西向东绕地轴自转，自转速度自赤道向两极递减，而在赤道上自转速度最为稳定，因此游客来到赤道纪念碑都会饶有兴趣地观察一些奇特的现象：一个鸡蛋可以稳稳地竖在一颗钉子上；水池中的水在下泄时是垂直地向下流去，不会产生顺时针或逆时针的漩涡。

厄瓜多尔在西班牙语中是“赤道”的意思，基多则是从古代印第安人“基图贝”部落的名字演绎而来。700 多年前，印第安人曾在这一带建立过基多王国。他们认为基多城北的卡亚姆韦一带是太阳一年两次跨越南北两半球时经过的地方，称之为“太阳之路”，并设置了明显的标志。18 世纪，法国、西班牙和厄瓜多尔的科学家们多次在此地大规模测绘赤道线位置，而他们测定赤道的位置正是印第安人数百年前设立标志之处。

凡是到过厄瓜多尔的人，他们对厄瓜多尔最深刻的印象就是水果品种特别多，许多水果我们连名字都叫不上来。有的水果虽然样子很像我们的某种水果，但是，吃起来却令人感觉与我们的那种水果相差甚远。例如，厄瓜多尔光木瓜就有数种，有的吃起来很甜美，是名副其实的上等水果，而有的则不能做水果吃，只能把它当作一种蔬菜。由于厄瓜多尔的水果多，所以在酒店里用自助餐客人可以尽情地享用，能吃多少就吃多少。厄瓜多尔的海参也很有特色，不但个头大、质量好，价格也比我们的便宜得多。

25. 泰国首都曼谷

泰国首都曼谷是东南亚第二大城市，是泰国的政治、经济、文化中心，被誉为“佛教之都”。泰国人称曼谷为“军贴”，意思是“天使之城”。1767 年，吞武里王朝（1767～1782 年）兴起时，曼谷逐渐形成了一些小集市和居民点。1782 年，曼谷王朝拉玛一世把都城从湄南河以西的吞武里迁至河东的曼谷，在此造宫殿、修城墙，并兴建了九条街道，其中以三聘街最为著名。拉玛二世和三世统治时期（1809～1851 年），城内增建了许多佛寺。拉玛五世时期（1868～1910 年），曼谷的大部分城墙被拆除，新建了马路和桥梁。1892 年，曼谷城里通了电车。1916 年建立拉玛隆功大学。1937 年曼谷划分成曼谷和吞里武两市。第二次世界大战后，城市发展迅速，人口、面积大大增加。1971 年两市合并成曼谷－吞武里都市区，称大曼谷。

泰国大皇宫

曼谷佛教历史悠久，东方色彩浓厚，佛寺庙宇林立，建筑精致美观，以金碧辉煌的大王宫、镏金溢彩的玉佛寺、庄严肃穆的卧佛寺、充满神奇传说的金佛寺、雄伟壮观的郑王庙最为著名。曼谷，是世界上佛教寺院最多的地方，有大小 400 多个佛教寺院。其中，玉佛寺、卧佛寺、金佛寺最为著名，被称为泰国三大国宝。漫步城中，映入眼帘的是巍峨的佛塔，红顶的寺院，红、绿、黄相间的泰式鱼脊形屋顶的庙宇，充满了神秘的东方色彩。每天早晨，全城香烟袅袅，钟声悠悠，磬声清脆动听，诵经之声不绝于耳。寺庙里的和尚、尼姑在街上慢慢行走，逐家化缘，成为曼谷街头的特有景观。

帕提亚位于曼谷东南部，距离曼谷 140 多公里，是世界著名的旅游城市，有东方夏威夷之称。

我们乘坐旅游公司的汽车从曼谷出发，用了2个多小时就到达了帕提亚。下车后，在导游的带领下，穿过熙熙攘攘的海滨大道和栈桥，来到了东方公主号油轮上。泰国的独特之处之一在于人妖表演。游人说不看人妖表演就等于没来过泰国。正是在这个游轮上，我第一次看到了人妖表演。其实，在我看来人妖表演并没有那么稀奇，只不过是由漂亮的男士扮女装进行文艺演出而已。

尾声

日月如梭，往事如梦。人生苦短，转眼就是一辈子。

回忆自己的六十多年，酸甜苦辣咸都尝过，东西南北都闯过，风风雨雨，跌宕起伏。但令我欣慰的是，自己没有被一个个困难绊倒，也没有碌碌无为虚度光阴，总算为祖国、为人民、为党做出了应有的贡献。

我这一生最深切的感悟是："心心在一艺，其艺必公；心心在一职，其职必举。"只要你认定一个明确的奋斗目标，全身心地投入其中，一生执着追求，努力拼搏，你就能超越梦想，成就辉煌。亲爱的读者，你说对吗？

后 记

1969 年暑假，我参加了济南市英语教师培训班。据说，这个培训班是为了全市中学普遍开设英语课而举办的，参加培训班的学员都是各中学外语教研室的外语老师。授课老师是山东师范学院的英语教师江孟宗老师。按规定，我作为一名普通中学生是没有资格参加这个培训班的。由于我们学校的英语老师有事，不能参加培训，所以，我顶替老师参加了这次培训。

正是在这次培训中，我认识了参加培训班的王景和老师。王老师当时很年轻，也很儒雅，是培训班的班长。王老师为人低调，平易近人，对我这位特殊学员十分照顾，提供了许多帮助，从此成了我一生的良师益友，使我受益匪浅。正是在王老师的鞭策下，我才有了书写本自传的胆量。

在初稿完成之后，王老师又不辞辛苦，认真反复地进行修改，并专门为本书作了序。对于王老师的关怀和帮助，我在此表示衷心的感谢！